汽车客运站营运客车安全例行检查工作指南

交通运输部道路运输司 编

人民交通出版社
China Communications Press

内容提要

本书在介绍营运客车安全技术管理与客运站安全例检概况的基础上，详细解释了《汽车客运站营运客车安全例行检查工作规范》制定的目的和依据，诠释了安全例检的定义，对安全例检制度、组织机构、设施设备配置、例检程序作出了实事求是、入情入理的解释。并对《营运客车安全例行检查技术规范（试行）》中的安全例检项目、检查方法、技术要求及其他注意事项逐条详尽地进行了解读。

本书对于客运站有关人员、客运企业管理者、营运客车驾驶员、维修人员，以及社会公众全面理解、深入领会两个规范具有较强的指导作用，对于安全例检人员实际操作具有重要的参考价值。

图书在版编目（CIP）数据

汽车客运站营运客车安全例行检查工作指南 / 交通运输部道路运输司编. —北京 ：人民交通出版社，2013.1

ISBN 978-7-114-10328-5

Ⅰ.①汽… Ⅱ.①交… Ⅲ.①公路运输－旅客运输－行车安全－指南 Ⅳ.①U492.8-62

中国版本图书馆 CIP 数据核字(2013)第 013145 号

Qiche Keyunzhan Yingyun Keche Anquan Lixing Jiancha Gongzuo Zhinan

书　　名：汽车客运站营运客车安全例行检查工作指南
著 作 者：交通运输部道路运输司
责任编辑：林宇峰　戴广超
出版发行：人民交通出版社
地　　址：（100011）北京市朝阳区安定门外外馆斜街 3 号
网　　址：http://www.ccpress.com.cn
销售电话：（010）85285969，85285966
总 经 销：北京金飞图书发行中心
经　　销：各地新华书店
印　　刷：中国电影出版社印刷厂
开　　本：720×960　1/16
印　　张：12.5
字　　数：204 千
版　　次：2013 年 1 月　第 1 版
印　　次：2018 年 8 月　第 6 次印刷
书　　号：ISBN 978-7-114-10328-5
印　　数：23001~24000 册
定　　价：48.00 元

序

Xu

汽车客运站作为道路旅客运输体系中的重要环节，历来是道路旅客运输安全源头管理的重要领域。建立并落实好汽车客运站相关安全管理制度，对有效防范道路旅客运输安全事故，确保道路运输行业健康安全发展十分重要。

2008 年，交通部出台了《汽车客运站安全生产规范》，初步建立起客运站相关安全管理制度，并启动了客运站营运车辆安全例行检查工作。此项工作的开展对督促参运客车良好技术状况的保持，从源头上确保道路客运安全发挥了积极作用。

为贯彻落实《国务院关于加强道路交通安全工作的意见》，进一步规范汽车客运站安全生产工作，解决各地在理解、执行《汽车客运站安全生产规范》上存在的差异问题，完善和规范汽车客运站营运客车安全例检实施工作，强化汽车客运站营运客车安全例检作用，促进运输企业更加重视客车技术状况的保持的外部约束环境，我们组织专家开展了汽车客运站营运客车安全例检标准化、规范化专题调研。在此基础上，交通运输部于 2012 年 12 月 27 日印发了《汽车客运站营运客车安全例行检查工作规范》和《营运客车安全例行检查技术规范(试行)》(交运发〔2012〕762 号)。

为配合做好“规范”的贯彻落实工作，我们组织编写了《汽车客运站营运客车安全例行检查工作指南》，详尽阐述了营运客车安全技术管理与营运客车安全例检技术要求，解读了汽车客运站营运客车安全例行检查工作规范制定的目的、背景和意义，诠释了汽车客运站营运客车安全例行检查的定义和内涵，对汽车客运站营运客车安全例行检查制度实施的组织机构、设施设备配置、例检程序及信息化管理等给出了实事求是、入情入理的解释。本书重点还就《营运客车安全例行检查技术规范(试行)》中的例检项目、检查方法、技术要求及工艺流程设计，进行了逐项解读，并对新技术在客车方面应用情况进行概述性介绍。本书图文并茂、简明直观，具有很强的可读性和指导性。相信本书的出版发行，对各级交通运输主管部门、道路运输管理机构和道路旅客运输企业以及全国近2万个等级客运站相关人员、客运企业车辆机务管理者、驾驶员、客车维修从业人员全面理解、学习、执行两个规范将起到重要的参考作用。同时，该书也可作为开展汽车客运站营运客车安全安全例检人员培训上岗通用教材使用。

组织实施好“规范”，是贯彻落实国务院关于加强道路旅客运输安全一系列重要指示精神的具体体现，是做好和强化汽车客运站安全管理制度执行的客观要求。各级交通运输主管部门和道路运输管理机构要督促客运站认真落实。汽车客运站和客运企业要以学习、执行“规范”为契机，深入贯彻国务院和交通运输主管部门有关加强道路交通安全工作的要求，全面落实“安全第一、预防为主、综合治理”的方针，高度重视和做好汽车客运站营运客车安全例行检查工作，加强汽车客运站客车安全例行检查工作的标准化、规范化、信息化建设，完善相关设施设备条件，整改存在的问题和隐患，认真遵守操作规程，切实做好营运客车安全例检工作，为道路旅客运输安全生产可持续发展，提供有力的安全技术保障。

交通运输部道路运输司司长 李刚

二〇一三年一月六日

编委会

Bianweihui

主　任： 李　刚

副主任： 徐亚华　王水平

委　员： 俞卫江　康文仲　田永生

编写组

Bianxiezu

主　编： 孟　秋

副主编： 仝晓平　徐通法

成　员： 于开成　陈文兰　金柏正　李东江　卢汉成

陈世平　佟濬洲　黄细富　胡树清　张京伟

王大欣　王吉江　项展洲　刘元鹏　李云飞

裴志浩　刘伟俭　张銘健　罗　忠　易　红

李罗明　曹　磊　曹仁磊

如果做好车辆安全例检

下列事故就可能避免……

哎呦！制动没有了！
XX快报
昨日，在XX高速上
一辆客车因制动失灵与前
方一辆急停的货车相撞，
造成多人重伤。

啊!
转向失灵了!
呼!

嘭！

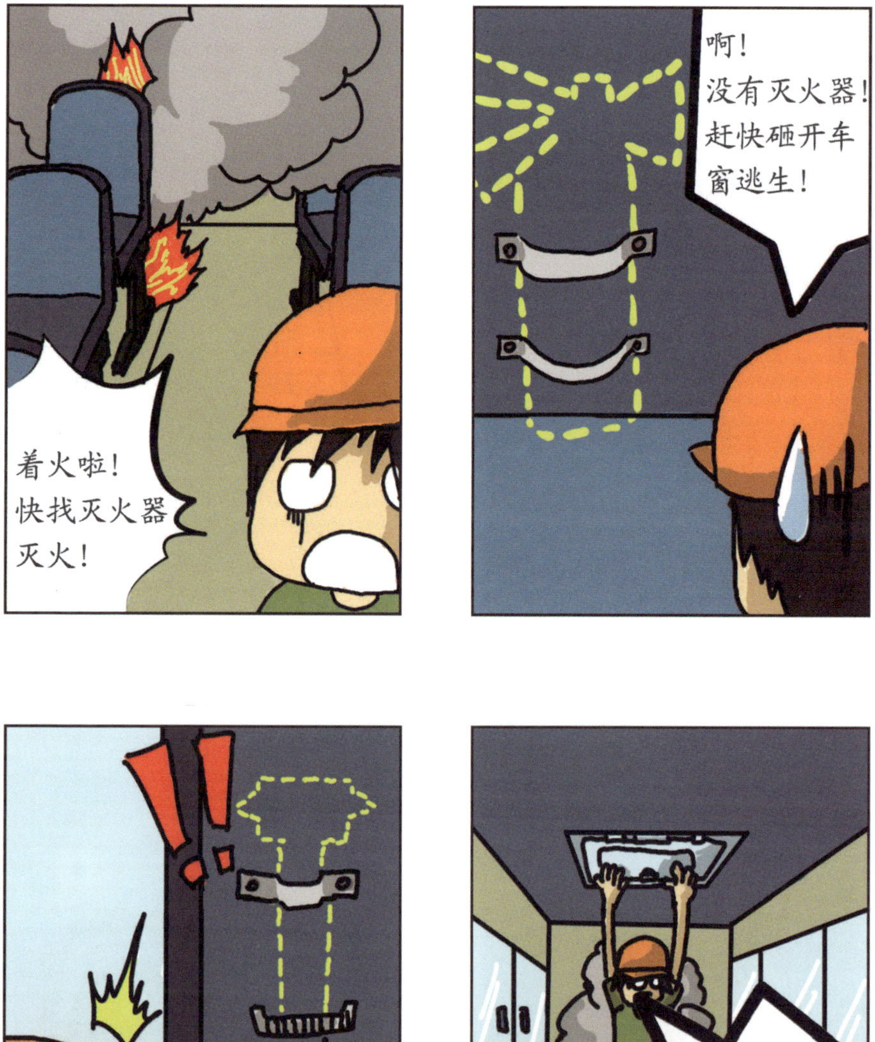
着火啦！快找灭火器灭火！
啊！没有灭火器！赶快砸开车窗逃生！
安全锤也不见了！快打开安全顶窗逃生！
安全顶窗也推不开了！完了！

突突突突……

目录

Mulu

第一章　营运客车安全技术管理

第一节　营运客车安全技术管理的意义

道路旅客运输具有流动性强、速度快、运行环境复杂、单车作业等特点，是一个安全风险高的行业。因此，安全管理责任大，要求高，任务重，难度大。

道路旅客运输安全是指在全部运输过程中不发生危及旅客人身和财产安全的行车事故。道路旅客运输安全技术管理就是要运用现代安全管理的理论、方法和手段，全面分析和研究各个环节可能发生的不安全因素，从管理上、组织上和技术上采取相应的有效措施，防止事故的发生。

管理是靠制度来保证的。道路旅客运输的安全管理制度是为保证道路旅客运输安全而制定的管理规则和行为规范，是关系到道路旅客运输安全的有力保障，其内容包括各级政府及其有关部门的政令、法规，道路客运及客运站的安全生产责任制，安全生产操作规程，保证安全生产有效实施的制度，安全生产的监督检查制度，消除生产安全事故隐患的制度等内容。

道路旅客运输安全直接关系到旅客人身及财产的安全，同时也关系到与行车相关的第三者人身及财产安全，更关系到社会公共利益和公共秩序。尽管道路旅客运输安全还包括及时性、方便性、舒适性和经济性等要求，但安全性始终是道路旅客运输的核心要素。现阶段我国的道路交通安全基础整体还比较薄弱，诱发道路运输安全事故的深层次问题还没有从根本上解决，仍然处在道路交通事故的多发期和易发期，并且涉及客运车辆的交通事故易造成群死群伤，给社会造成恶劣影响，给企业与家庭带来深重灾难。保证道路运输安全是一项巨大的系统工程，也是一项长期且艰巨的社会事业，因此，道路客运经营者及客运站经营者必须重视安全工作。道路运输车辆作为道路运输生产的基础要素之一，加强道路运输车辆安全技术管理是保证道路运输安全的根本保障。道路运输经营者和各级道路运输管理人员必须高度重视。

道路旅客运输车辆技术管理是指各级交通运输主管部门和县级以上道路运输管理机构、客运经营者、驾驶人及为营运客车服务的机动车维修和检测经营者、客运站经营者等单位和个人，按照规定职责，对营运客车从购置到使用、检测、维修、更新，直至报废的全过程、综合性的管理。

营运客车安全技术管理是指采用技术措施保证营运客车安全的管理，主要是客运经营者对所属车辆施行的与营运客车技术性能相关的各项管理工作，旨在为道路旅客运输提供安全、优质、高效、低耗、及时和舒适的运力，保证营运客车更好地为客运生产和人民生活服务，并获得最佳的经济效益、社会效益和环境效益。

营运客车安全技术管理不仅仅是单纯的技术问题，还涉及运输经济、生产安全、环境保护、科学技术、宣传教育等多个方面，是促进经济持续快速健康发展，维护人民生命和财产安全，构建和谐社会的重要环节。认真抓好车辆安全技术管理，对于有效发挥车辆效能，确保旅客和相关人员的人身安全，保护大气环境，降低运行消耗，提高运输企业的经济效益和社会效益，发挥道路运输公共服务功能，维护道路旅客运输企业的良好信誉和形象，保障社会安定，促进社会和谐，具有重要意义。

营运客车安全技术管理是道路旅客运输管理的重要组成部分，贯穿于道路旅客运输活动的始终。

第二节　营运客车安全技术管理的内容

营运客车安全技术管理要遵循“安全第一、预防为主、综合治理”的方针和技术与经济相结合的原则，牢牢把握车辆准入、运行、退出各个环节，对营运客车的选型、使用、维修、检测、报废等实行全过程综合性管理，为道路旅客运输发展提供支持和保障。

营运客车安全技术管理包括行业管理与企业管理两个层面。

就行业管理而言，交通运输部主管全国道路旅客运输及客运站管理工作，组织拟订并监督实施行业规划、政策和标准；组织起草法律法规，制定部门规章；组织制定道路运输有关政策、准入制度、技术标准和运营规范，并监督实施；指导道路运输行业安全生产和应急管理工作;指导交通运输信息化建设和道路运输行业环境保护与节能减排工作。县级以上地方人民政府交通运输主管部门负责组织领导本行政区域的道路旅客运输及客运站的管理工作。县级以上道路运输管理机构负责具体实施道路旅客运输、客运站,以及车辆维修、营运车辆综合性能检测的管理工作。

就企业管理而言,客运经营者和客运站经营者是营运客车安全技术管理的责任主体。客运经营者组织贯彻各级政府和交通运输主管部门制定的有关法律、法规、规章、标准,完善组织机构,建立健全安全生产责任制和安全技术管理各项制度,执行安全技术操作规程,加强营运客车基础管理和动态管理,持续改进和提高管理水平,保证道路旅客运输安全和车辆经济运行,承担相应的法律责任。客运站经营者组织建立安全例检机构,配置相应的人员与设施设备,实施营运客车安全例检。

客运经营者安全技术管理的主要任务是:

(1)建立技术管理机构职责与岗位责任制,贯彻执行国家和交通运输管理部门发布的有关车辆技术管理的各项方针、政策、规章和制度。

(2)制订并完善企业技术管理各项制度、车辆技术管理目标和技术经济考核指标,并付诸实施。

(3)组织完成营运车辆购置选型、营运客车强制维护与综合性能检测、车辆燃料消耗量达标及客车类型等级评定各项工作,健全营运车辆技术档案,并认真填写,妥善保管。

(4)督促驾驶人搞好日常维护,及时消除车辆故障和隐患,随时保持车辆技术状况良好。

(5)推广现代化管理方法,应用新技术、新工艺和新材料。

(6)开展技术培训和技术竞赛活动。

营运客车安全技术管理主要包括准入管理、使用过程中安全技术管理、市场退出机制管理和技术档案管理等内容。

一、营运客车市场准入管理

营运客车市场准入管理主要包含车辆技术等级评定、车辆燃油消耗量核查、营运客车类型划分及等级评定三个方面的内容。

1. 车辆技术等级评定

评定车辆技术等级是进入市场的前提。道路运输管理机构把车辆综合性能检测和技术等级评定作为营运客车进入客运市场的必要条件。所有拟进入道路客运市场的车辆必须按照强制性国家标准的要求进行检测，并将检测结果作为评定车辆技术等级、判定车辆能否进入客运市场的依据。营运客车技术等级分为一级、二级和三级。

客运经营者新增车辆时，应经具有合法资质的综合性能检测站检测后，开具统一式样的检测报告。道路运输管理机构根据车辆检测报告，对照《营运车辆技术等级划分和评定要求》作出车辆技术等级评定。技术性能符合国家标准《营运车辆综合性能要求和检验方法》（GB 18565）的要求；外廓尺寸、轴荷及质量符合国家标准《道路车辆外廓尺寸、轴荷及质量限值》（GB 1589—2004）的要求，方能领取《道路运输经营许可证》（以下简称《道路运输证》），获得进入客运市场资格。《道路旅客运输及客运站管理规定》（交通运输部令 2012 年第 8 号）要求，从事高速公路客运或者营运线路长度在 800 公里以上的客运车辆，其技术等级应当达到现行的行业标准《营运车辆技术等级划分和评定要求》（JT/T 198—2004）规定的一级技术等级；营运线路长度在 400 公里以上的客运车辆，其技术等级应当达到二级技术等级以上；其他客运车辆的技术等级应当达到三级技术等级以上。

2. 车辆燃油消耗量核查

建立营运车辆燃料消耗量准入机制是管理理念的创新。《道路运输车辆燃料消耗量检测和监督管理办法》（交通运输部令 2009 年第 11 号）规定，县级以上道路运输管理机构在配发《道路运输证》时，应当按照《燃料消耗量达标车型表》对车辆配置及参数进行核查。核查工作可委托汽车综合性能检测机构实施。经核查，未列入《燃料消耗量达标车型表》或者与《燃料消耗量达标车型表》所列装备和指标要求不一致的，不得配发《道路运输证》。

3. 营运客车类型划分及等级评定

营运客车类型划分及等级评定符合市场需求和大众期望。改革开放以后，我国客运市场正在从过去要求“走得了”的低层次需求，向“不仅走得了，更要走得好”的高层次需求方向发展，对行驶安全性、舒适度、便捷性的要求越来越高，加之受到传统习惯和假日经济的叠加影响，春节前后、“十一”黄金周等重点时段,旅客数量猛增,需要增加大量高档客车才能满足大众出行的需求。为维护旅客合法权益,合理调控营运客车类型及等级,优化车型结构,引导客车生产企业生产符合道路运输市场需求的车型,交通运输部开展了营运客车类型划分及等级评定工作。营运客车等级评定已由初期的统一管理调整为分级管理,其中交通运输部负责国产或进口高级客车的等级评定工作,并向社会发布《高级客车类型划分及等级评定表》;省级交通运输主管部门负责发布本行政区内《中级客车等级评定表》;市、县级道路运输管理机构,根据行业标准《营运客车类型划分及等级评定》(JT/T 325—2010)和《营运客车类型划分及等级评定规则》、交通运输部发布的各批次高级客车类型划分及等级评定表、各省(自治区、直辖市)公布的中级客车技术参数等相关文件资料,以实车查验方式核定营运客车的类型与等级,出具客车类型等级评定表,作为客车类型等级证明。营运客车类型及等级应在《道路运输证》车辆类型栏内注明。营运客车配发《道路运输证》前,以及车辆审验时,均应进行客车等级核定。营运客车过户时,应重新进行客车类型等级核定。

二、使用过程中安全技术管理

营运客车在使用过程中的安全技术管理工作尤其重要。在日常使用中,要注意以下几点:一是要保持原车装备齐全,载运旅客不超过车辆额定人数。二是要随时保持车辆技术状况良好,合理选用燃料。三是要认真完成日常维护工作,即坚持“三检”,即在出车前、行车中、收车后,检视车辆的安全机构及各部机件连接的紧固情况;保持“四清”,即保持机油、空气、燃油滤清器和蓄电池的清洁;防止“四漏”,即防止漏水、漏油、漏气、漏电;保持车容整洁;四是要督促驾驶人爱护车辆,严格遵守驾驶操作规程,不断提高驾驶操作水平。除此以外,还要通过对营运客车技术经济定额指标考核、营运客车各级维护,以及综合性能检测和车辆审验等手段,强化对营运客车的安全技术管理。

1. 技术经济定额

客运经营者应建立主要技术经济定额指标,以降低消耗,减少成本,创造更大的效益。技术经济定额的内容应包括营运客车燃料消耗定额、轮胎行驶里程定额、车辆维护与小修费用定额、大修间隔里程定额、维护间隔里程定额、维修费用定额、客车完好率、车辆平均技术等级、小修频率和轮胎翻新率等。

2. 营运客车各级维护

营运客车维护是车辆生命周期内的持续性工作。汽车在使用过程中，随着行驶里程的增加，技术状况不断发生变化，使用性能也逐渐变差。为了最大限度地发挥汽车使用性能，保证汽车在安全、环保、节能的状态下运行，需要定期地检查、诊断汽车技术状况，并进行必要的维护。

汽车强制维护制度是在理论与实践反复证明的基础上提出，并通过行政法规建立起来的。1990 年 3 月 7 日，交通部发布的《汽车运输业车辆技术管理规定》（交通部令 1990 年第 13 号），奠定了营运汽车强制维护的基础。2004 年 4 月 14 日，国务院颁布《中华人民共和国道路运输条例》，以行政法规的形式确立了营运汽车维护的法律地位。2001 年 3 月 26 日发布的国家标准《汽车维护、检测、诊断技术规范》（GB/T 18344），规定了汽车维护的分级和各级维护的作业项目、内容和技术要求，为汽车强制维护的实施创造了条件。

汽车维护分为日常维护、一级维护和二级维护。

汽车日常维护是以清洁、补给和安全检视为作业中心内容，在出车前、行车中和收车后，由驾驶人负责执行的车辆维护作业。营运客车驾驶人在整个安全技术管理链条中的作用不可忽视。驾驶人应当时刻注意安全，保持警钟长鸣，自觉地加强日常维护。在出车前、行车中、收车后，认真细致地做好车辆维护，主动配合安全例检人员进行车辆安全例检，及时消除安全隐患。

汽车一级维护、二级维护由维修企业负责执行。做好营运客车强制维护工作，一是强化客运经营者主体责任，切实发挥企业在车辆维护中的主导作用，依据国家有关技术规范对客运车辆进行定期维护。二是建立健全营运车辆强制维护制度，严格按照国家标准《汽车维护、检测、诊断技术规范》（GB/T 18344）等有关技术标准的规定进行维护作业。三是有条件的客运经营者应建立维修机构，配置维修生产厂房和停车场，配置与维修工作相适应的设备、设施、人员，完善各项制度，对自有客车进行强制维护。对于其他客车可以实行维修社会化，客运经营者与具有相应资质的维修企业签订维修合同，由维修企业进行客车维护。

客车维修为客车安全经济运行提供支持和保障。承担营运客车维修工作的企业应当按照国家有关客车维修的法规、标准，认真做好一级维护和二级维护，消除车辆在运行过程发生或维护作业中发现的故障或隐患，保证车辆技术状况完好。《汽车维护、检测、诊断技术规范》（GB/T 18344）作为通用型、指导性标准，适用于所有在用汽车，标准要求二级维护作业完成后，必须严格按照规定的竣工检测项目和技术要求进行检测，出具汽车二级维护竣工检测报告，检测不合格的车辆，由原维修企业无偿返修后复检，直至检测合格。检测合格的车辆由维修企业质量检验员审验后，签发汽车维修竣工出厂合格证，未经竣工检测或检测不合格的车辆，不得签发汽车维修竣工出厂合格证，不能交付使用，同时要求竣工出厂合格证作为车辆技术档案的附件留存备查。

3. 车辆综合性能检测与车辆审验

定期进行营运客车综合性能检测是对车辆技术状况的动态监管。客运经营者应当认清日常管理与相应审验的辩证关系。首先强化日常管理，督促驾驶人做好日常维护工作，加强车辆一级维护和二级维护管理，持续保证车辆技术状况完好。其次，禁止擅自进行改装，随意改变车辆类型或用途、更换车辆主要总成部件等，保证车辆在安全、经济、可靠的状况下运行。

客运经营者应当结合车辆定期审验，组织营运客车在规定时间到汽车综合性能检测站进行检测，并按营运线路长度达到相应的技术等级。车辆审验内容包括：车辆违章记录；车辆技术档案；车辆结构、尺寸变动情况；按规定安装、使用符合国家标准的行车记录仪情况；客运经营者为客运车辆投保承运人责任险情况等。

三、车辆市场退出机制

淘汰落后车辆是净化道路运输市场秩序的一种手段。交通运输主管部门和道路运输管理机构在建立营运车辆准入制度的同时，积极探索、建立健全道路运输车辆市场退出制度，及时淘汰达到报废期限或者排气污染严重、无法治理达标，以及擅自改装的车辆，对于技术等级达不到一级或客车等级达不到中级的，责令其退出高速公路客运、旅游客运、800 公里以上的超长线公路客运领域，以净化旅客运输市场秩序。

四、车辆技术档案管理

车辆技术档案是指车辆从新车购置到报废整个过程中，记载车辆基础情况、主要性能、运行使用、检测维修和机件事故等内容的重要技术资料。它是了解车辆性能和技术状况及其变化原因，掌握车辆使用、维修规律，为车辆维修、改造、更新和配件储备提供信息的重要依据，也是评价车辆技术管理质量的依据之一，同时也是道路运输管理机构对运输车辆实施技术管理的主要内容。车辆技术档案管理正在逐步向信息化、电子化发展。

车辆档案是发放、审核道路运输车辆营运证的依据之一。营运客车技术档案主要内容应当包括：车辆基本情况、主要部件更换情况、修理和二级维护记录（含出厂合格证）、技术等级评定记录、类型及等级评定记录、车辆变更记录、行驶里程记录、交通事故记录等。车辆技术档案实行统一管理，一车一档。车辆档案应认真填写，妥善保管，记载及时、完整和准确，不得任意更改。新车入户或车辆过户时，需要在建立技术档案或技术档案移交后，方可办理营运手续。

第三节　营运客车安全技术管理现状

改革开放以来，我国道路旅客运输业取得长足进步。《汽车运输业车辆技术管理规定》作为道路运输技术管理的重要法规，对改革开放初期施行道路运输业技术管理发挥了积极作用，全面推动了行业技术进步，促进了我国道路运输运力结构水平的不断升级，从而为提高道路运输竞争能力和可持续发展提供了技术支持和运力保障。现行的道路运输技术管理制度已实施20多年，在完成历史使命的同时，其弊端也逐渐显现。在管理理念上重许可轻服务，管理方式上重车辆管理轻企业管理，管理工作中事无巨细地直接参与具体工作，造成了技术管理和责任主体错位，企业在车辆安全技术管理工作中的主导作用没有得到充分发挥。面临全面建成小康社会和全面推进改革的新形势，营运客车安全技术管理需要进一步完善。

当前，我国道路交通安全形势十分严峻。道路旅客运输企业集约化、规模化程度还不够高，单车个体经营、挂靠经营依然存在，管理粗放。个体经营业户重效益轻管理，重使用轻维护的问题比较严重，把技术管理当成看不见的工作，当成可有可无的事情，缺乏开展车辆技术管理主观能动性，缺少对所属车辆应有的约束，放松了对驾驶人的日常维护教育，把维护和检测看成负担，逾期年检和“带病”行驶现象依然存在，以修理代维护问题突出，甚至雇用临时维修工进行车辆维修，质量根本无法保证。少数维修企业偷工减料，使用假冒伪劣配件、以次充好、买卖竣工出厂合格证情形时有发生。加之管理权限下放到县级管理部门后，由于经济发展不平衡和基层管理人员政策理解力和执行力不一致等多种原因，导致检测、维护制度执行不够有力，影响到安全技术管理政策的有效落实。

各级交通运输主管部门和道路运输管理机构需要进一步加强营运客车安全技术管理工作。一是要确立客运经营者和客运站经营者的安全技术管理主体地位。管理部门在认真履行行业管理职能的同时，注意充分发挥客运经营者和客运站经营者的主体作用，指导和督促客运经营者依法依规加强企业管理，建立健全安全技术管理机构，完善各项管理制度，切实做好营运客车维护、检测，为营运客车安全经济运行创造必要条件；指导和督促客运站经营者加紧完善机构，配备满足安全例检需求的设施，扎扎实实开展营运客车安全例检工作，把好客车运行前安全管理的最后关口。二是要坚持正确舆论导向，在业内外广泛宣传安全技术管理的重要性，让客运经营者、驾驶人、客运站经营者、维修企业、检测机构，以及乘车人普遍了解车辆技术管理工作的重要意义，增强客运经营者特别是个体车主和驾驶人做好车辆维护、检测的自觉性，提高客运站安全例检的规范化、标准化程度，为开创安全技术管理工作新局面营造氛围。三是要提高客运站乃至道路旅客运输管理信息化程度。加快建立包括客运站管理在内的道路旅客运输信息管理系统，采用高科技手段，解决目前道路运输管理信息化程度不高，信息化管理系统研究开发不规范，以及业务管理与信息化管理部门间、各业务管理部门间信息资源共享的问题，不断提升道路旅客运输管理的质量和水平。

第二章　营运客车安全例检工作

第一节　安全例检的目的和意义

汽车运输具有机动性、灵活性的特征。道路旅客运输点多、线长、面广。道路旅客运输安全工作的必要性和重要性应当引起道路运输管理机构和相关企业的足够重视。加强营运客车安全例检，消除事故苗头，保证车辆完好，有效预防由于管理不到位而引发的运输安全事故，是客运站的一项重要职责。

(1) 安全例检是高度重视旅客运输安全的体现。汽车运输关系广大人民群众的生命财产安全。旅客运输相对货物运输，安全风险高，安全责任大，极易引发群死群伤事故。据统计，截至2011年年底，全国共有等级客运站19 536个，2011年平均日发班次159.79万个，日发送旅客2 288.65万人。公路客运在春运中承担的比重高达92%以上，道路旅客运输安全面临严峻挑战。汽车客运站营运客车安全例检是在驾驶人日常维护和车辆技术维护的基础上，增加的一道加强性监督措施，具有安全“防火墙”作用。客运站切实抓好安全例检，才能从源头上为营运客车安全运行提供强有力的技术保障。

(2)安全例检是消除营运客车安全隐患的需要。汽车在使用过程中，机件在磨损，技术状况在不断发生变化，使用性能也逐渐变坏。加之，我国营运客车年平均行驶里程高于其他车辆，平均使用寿命普遍长于发达国家，自然增加了发生故障的概率。从目前客运站的安全例检的故障检出率来看，基本在5%左右。另外，尽管营运客车都经过了强制维护，但由于承修维修企业相关人员责任心不强等原因，不免会出现车辆维护过程中缺项、漏项，导致维护作业项目不到位。为了在保证安全的前提下，充分发挥车辆使用效能，需要客运站真正筑牢道路旅客运输安全监管防线，加强对营运客车的安全例检，及时地发现和消除隐患，以保持车况良好，避免因中途损坏而停歇，杜绝因机件事故而影响行车安全。

(3)安全例检可以有效发挥客运站安全监督作用。汽车客运站是道路旅客运输节点,处于保证营运客车安全运行的前沿,关系公众安危,影响行业形象,波及企业生存。尽管各地客运站在贯彻执行《汽车客运站安全生产规范》过程中,做了大量工作,但是,由于缺乏顶层设计和标准细化,后期的管理没有及时跟进,以致客运站的安全例检工作还存在某些薄弱环节。全面反思道路运输安全工作,紧紧围绕“三关一监督”的道路运输安全生产管理职责和工作任务,按照“明确职责、找准规律、立足防范、突出重点、狠抓落实”的工作思路,着力推动道路运输安全生产规范化、制度化建设,采取有效手段,搞好客运站安全例检,非常必要。特别是在市场快速发展、管理没有完全到位的情况下,充分发挥客运站安全监督作用,强化营运客车安全例检,对于遏制短期行为,保证客运安全具有重要的现实意义和深远的历史意义。

(4)安全例检能最大限度满足旅客新期待。改革开放以后,我国道路通车里程持续大幅度增长、度假旅游和探亲访友客流量迅猛增加,道路客运市场正在从过去“要求走得了”的低层次需求,向“不仅走得了更要走得好”的高层次方向发展,旅客对客车的及时性、方便性、安全性、舒适性和经济性提出了越来越高的要求。客运站是交通运输对外服务的“窗口”,应当规范服务,优质服务,全面提升运输服务水平和效率,最大限度地满足旅客的合理需求,以适应经济社会发展的新要求和人民群众的新期待。全面做好营运客车安全例检工作,营造安全、整洁的乘车环境,成为广大旅客放心出行、愉快出行的必要前提。

(5)安全例检能更好地适应安全工作需要。针对当前道路运输行业管理难度大、道路交通事故频发的态势,客运站应当深刻汲取教训,牢固树立中央提出的以人为本、和谐发展、安全发展的新理念,认真贯彻“安全第一、预防为主、综合治理”的方针,充分认识安全生产管理工作的长期性、艰巨性和复杂性,加深理解抓好安全生产的必要性和紧迫性,增强抓好安全生产的责任感和使命感,克服麻痹大意思想,勇于为安全站岗放哨,主动防患于未然,切实做好安全例检工作,进一步提升营运客车安全保障能力和水平,更好地适应安全工作需要。

第二节　营运客车安全例检相关法规

众所周知,旅客运输事关人民群众切身利益和经济社会发展大局,安全责任风险高。道路旅客运输受到人员素质、车辆结构、道路条件、法规制度、人为习惯等影响,安全风险更大。因此,保证营运客车安全已经成为道路客运参与者的共同责任。

汽车客运站具有公益性、基础性和经营性等多种属性,安全工作历来受到国家和交通运输主管部门的高度重视,发布了一系列法规、规章、规定,规范客运站安全例检工作,从源头上保证道路旅客运输安全。

1.《汽车运输业车辆技术管理规定》(交通部令1990年第13号)

1990年,交通部颁发了《汽车运输业车辆技术管理规定》,该规定第三十一条明确要求:“运输单位和个人应建立健全车辆技术检验和安全检查制度,做好出车前、行车中及收车后的车辆检查工作,发现故障及隐患,及时排除。”

这部规章在我国改革开放的初期就明确了营运车辆必须建立健全安全检查制度,同时,特别强调了驾驶人对于车辆技术状况的保证作用。该规章指导专业运输企业具体落实运输车辆维修制度,认真做好车辆维护和车辆回场例行检查,及时消除故障和隐患,保持车辆经常处于良好技术状态。

2.《关于印发加强道路运输安全生产监督管理工作的意见的通知》(交公路发〔2002〕356号)

2002年,交通部印发的《加强道路运输安全生产监督管理工作的意见》,首次提出各级交通主管部门在道路运输安全生产监督管理方面的主要任务是抓好“三关一监督”,即严把运输经营者市场准入关、营运车辆技术状况关、营运驾驶人从业资格关,搞好汽车客运站安全监督。

3.《中华人民共和国道路运输条例》(国务院令第406号)

2004年,国务院颁布的《中华人民共和国道路运输条例》,是我国迄今为止道路运输领域最高层次的行政法规。其中对站场的经营条件和经营行为专门提出了要求,凸显了车辆出站检查的必要性,也为客运站开展安全例检打下了坚实的基础。

该条例第三十七条规定:“申请从事道路运输站(场)经营的,应当具备下列条件:

(一)有经验收合格的运输站(场);

(二)有相应的专业人员和管理人员;

(三)有相应的设备、设施;

（四）有健全的业务操作规程和安全管理制度。”

这里的站场及其人员、设施设备和制度要求，都包含了安全例检的内容。

第四十一条规定：“道路运输站（场）经营者应当对出站的车辆进行安全检查，禁止无证经营的车辆进站从事经营活动，防止超载车辆或者未经安全检查的车辆出站。”

这是对客运站安全例检最直接、最具体、最权威的要求，强调了安全例检的重要性和严肃性。客运站必须牢固树立安全第一的思想，认认真真地落实行政法规的指令，踏踏实实、保质保量地做好所有进站发车的营运客车安全例检工作。

4.《道路旅客运输及客运站管理规定》（交通运输部令2012年第2号）

2005年，交通部发布的《道路旅客运输及客运站管理规定》，是专门针对道路旅客运输和客运站的部门规章，与《中华人民共和国道路运输条例》相配套，对营运客车安全例检作出更为细致的规定。该规章经4次修正，现行有效的是中华人民共和国交通运输部令2012年第8号。

其中第十一条规定：“申请从事客运站经营的，应当具备下列条件：

（一）客运站经有关部门组织的工程竣工验收合格，并且经道路运输管理机构组织的站级验收合格；

（二）有与业务量相适应的专业人员和管理人员；

（三）有相应的设备、设施，具体要求按照行业标准《汽车客运站级别划分及建设要求》（JT/T 200）的规定执行；

（四）有健全的业务操作规程和安全管理制度，包括服务规范、安全生产操作规程、车辆发车前例检制度、安全生产责任制、危险品查堵、安全生产监督检查的制度。”

这是对客运站开业的要求。从行业标准《汽车客运站级别划分及建设要求》（JT/T 200—2004）不难看出，其中包含了安全例检方面的要求，从而为安全例检提供了条件保证。

该规章还为客运站经营单独设置一章，对包括安全例检在内的事项提出了明确的具体要求。

第六十五条规定：“客运站经营者应当维护好各种设施、设备，保持其正常使用。”

安全例检是客运站服务功能之一，其设施设备需要维护好。

第六十六条中要求："客运站经营者和进站发车的客运经营者应当依法自愿签订服务合同，双方按合同的规定履行各自的权利和义务。"

该条款从部门规章的角度确定了客运站经营者与客运经营者双方的职责、权利关系。就客运站职责而言，服务合同中应当包含车辆安全例检的内容，以促进安全例检工作的顺利实施。

第六十七条再次强调："客运站经营者应当依法加强安全管理，完善安全生产条件，健全和落实安全生产责任制。客运站经营者应当对出站客车进行安全检查，采取措施防止危险品进站上车，按照车辆核定载客限额售票，严禁超载车辆或者未经安全检查的车辆出站，保证安全生产。"这是对《中华人民共和国道路运输条例》第四十一条的具体落实，是关于客运站经营者履行安全生产法定职责，加强道路旅客运输安全源头监督，保障运输安全的重要表述。

5.《关于印发汽车客运站安全生产规范的通知》(交公路发〔2008〕2号)

随着经济发展和社会进步，安全工作逐步加强，管理工作不断深入。2008年，《关于印发汽车客运站安全生产规范的通知》成为客运站安全生产管理的重要文件。文件专门就客运站安全生产作出规定，对营运客车安全例检提出了具体要求。

第一条首先明确了"强化汽车客运站安全生产主体责任"。

第四条要求："交通主管部门和道路运输管理机构应当加强对汽车客运站的安全生产监督，督促汽车客运站经营者履行好安全生产源头管理职责。"

第十条规定："汽车客运站经营者应当与道路旅客运输经营者签订安全责任协议，依法明确双方的安全责任。"

第二十六条规定："汽车客运站经营者应当建立车辆安全例行检查制度，按照《汽车客运站营运客车安全例行检查项目及要求》的要求，对营运客车进行安全例行检查"。

6.《交通运输部关于贯彻落实〈国务院关于加强道路交通安全工作的意见〉的通知》(交运发〔2012〕490号)

为深入贯彻落实《国务院关于加强道路交通安全工作的意见》(国发〔2012〕30号)，进一步加强道路交通安全工作，交通运输部下发了《交通运输部关于贯彻落实〈国务院关于加强道路交通安全工作的意见〉的通知》(交运发〔2012〕490

号),提出了相关工作要求,强调充分认识加强道路交通安全工作的重要意义,进一步落实运输企业安全生产主体责任,进一步加强道路客运安全管理。

文件要求:“强化企业安全生产主体责任。运输企业要建立安全生产责任制、岗位责任制和安全生产管理各项制度,制定和完善安全管理标准体系和岗位操作规程,健全安全管理机构,配备专兼职安全管理人员,保障安全生产投入,定期召开安全生产分析会、安全生产例会,开展安全生产自查自纠,及时发现和消除事故隐患。”

文件强调严格客运站源头管理。督促客运站认真履行安全管理职责,建立健全并落实各项安全管理制度,进一步细化和明确客运站关键人员岗位职责、工作内容和流程,积极推行客运站安全监管的标准化作业。严格落实“三不进站、五不出站”规定,并将乘客佩戴安全带情况增加为车辆出站检查内容。

7.《汽车客运站级别划分和建设要求》(JT/T 200—2004)

在法规制度建设的同时,交通运输主管部门还积极采用技术手段,加强客运站管理。2004 年出台的行业标准《汽车客运站级别划分和建设要求》(JT/T 200—2004),其第 7.1.2 条对客运站汽车安全检验台等设施提出了具体要求。该标准还对客运站布局、安全标志等与安全例检有关建设条件也提出了具体要求,对安全例检设施设备配置具有一定的指导意义。

8.《汽车客运站营运客车安全例行检查工作规范》

为了确保国家和交通运输主管部门关于加强道路运输安全工作意见的全面落实,交通运输部道路运输司开展了客运站安全管理标准化、规范化专题调研,作为调研成果,制定了《汽车客运站营运客车安全例行检查工作规范》和《营运客车安全例行检查技术规范(试行)》。

《汽车客运站营运客车安全例行检查工作规范》属于管理性文件,旨在提高客运站管理的制度化、规范化和标准化水平。各地对于制订《汽车客运站营运客车安全例行检查工作规范》和《营运客车安全例行检查技术规范(试行)》,认为十分必要和及时,对于上述规范的科学合理性和可操作性表现出极大关注。道路运输司下发《关于征求汽车客运站安全管理相关规范标准意见的函》(交运便字〔2012〕231 号),向各省、自治区、直辖市、新疆生产建设兵团交通运输厅(局、委)公开征求意见,并在征求意见过程中,连续召开会议,反复论证,数易其稿,以提高其科学合理性和可操作性。

客运站应当增强政治意识、大局意识、责任意识，勇于担当安全例检职责，牢固树立安全理念，坚持“安全第一、预防为主、综合治理”的方针，严格执行有关的法律、法规、规章、标准，建立健全车辆安全例检责任制、岗位责任制和各项管理制度，完善安全例检设施设备条件，选拔得力人员从事安全例检工作，认真遵守操作规程，牢牢把住客运站的安全生产源头关，积极主动地防患于未然，有效预防因客运站源头管理不到位而引发的运输安全事故，促进客运站的可持续发展。

第三节　客运站安全例检工作现状

汽车客运站是公路网的支撑点，是道路旅客运输子系统，具有旅客运输组织与管理、中转换乘、多式联运、通信、辅助服务等功能。有资料显示，受建设资金等因素的影响，客运站与公路建设相比，滞后许多，以致道路旅客运输组织化程度难以提高，效益与质量难以提升，与日益增长的社会需求不相适应。目前的客运站大多建于20世纪70～80年代，设施设备简陋，功能不全。

为规范汽车客运站安全生产管理工作，强化汽车客运站安全生产主体责任，2008年，交通部根据《中华人民共和国道路运输条例》及有关法律、法规和规章，制定了《汽车客运站安全生产规范》（交公路发〔2008〕2号），专门对客运站安全生产予以规范。该文件强调了汽车客运站经营者必须建立车辆安全例行检查制度，并给出了《汽车客运站营运客车安全例行检查项目及要求》。但是，由于缺乏顶层设计和标准细化，各地在理解、执行《汽车客运站安全生产规范》方面差异化程度很大，个别客运站安全例检实际效果不够理想。纵观客运站安全例检现状，深感责任重大，问题不少，亟须规范。

（1）客运站安全例检责任重大。旅客运输相对货物运输，安全责任明显加大。加之我国营运客车年平均行驶里程高于其他车辆，平均使用寿命普遍高于发达国家，自然增加了安全管理工作难度。特别是随着道路交通量的大幅度增长，道路安全工作的不断深入，客运站安全例检责任逐步明晰，对安全例检工作要求越来越高，道路运输事故倒查机制的建立和完善已经对客运站形成较大压力。另一方面，调研反映的各个客运站当日安全例检不合格率约为5%，现场曾发现制动蹄片脱落，安全顶窗开启手柄缺失等安全隐患，安全例检的必要性和安全责任凸显。

(2)客运站安全例检意识需要进一步增强。当前,各级道路运输管理机构和各类客运企业大多重视安全工作,在道路旅客运输安全工作方面取得基本共识。客运站经营者和进站客运经营者签订进站协议,并按照协议的内容履行各自的责任和义务。各地客运站在落实营运客车安全例检工作上主动采取措施,加强组织建设与管理,一些客运站通过技术改造,明显地改善了经营条件,促进营运客车安全例检工作逐步完善。有的客运站还在加紧对安全例检的作业方式和监管方式进行探索,并取得一定进展,形成了较好的道路旅客运输安全生产氛围。但有少数客运站经营者和进站客运经营者之间究竟属于何种关系,谁负责安全例检,怎样划分责任,仍然存在争议,对安全例检该不该做、怎么做、负有什么责任存有疑虑和畏难情绪,个别客运站坦承无法按照《客车安全例行检查项目及要求》将安全例行检查做全做实,甚至极个别地方客运站车辆例检机构形同虚设,在一定程度上影响了客运站安全例检工作的正常进行。

(3)道路旅客运输企业安全技术管理基础不够扎实。具有一定规模的客运经营者作为道路旅客运输业的主流,能够坚持行之有效的规章制度,在汽车日常维护、一级维护和二级维护方面,做得比较好;对于客运车辆收车回场的安全例检工作普遍比较重视,为保障客运车辆的安全运行发挥了积极作用。个体运输与承包、挂靠经营的营运客车安全技术管理仍然比较薄弱,车况普遍较差。汽车维修对道路运输的保障作用没有真正发挥,不按标准进行一级维护、二级维护,以修理代替维护,甚至使用假冒伪劣配件,倒卖汽车维修竣工出厂合格证的现象,时有发生;驾驶人对车辆的日常维护没有完全到位。总之,保证营运客车技术状况的基础还不够牢固。

(4)客运站安全例检规范化程度亟待提高。由于各地在落实《汽车客运站安全生产规范》(交公路发〔2008〕2 号)过程中,政策法规理解力和执行力的不强,导致客运站在开展安全例检工作中存在着明显的不规范问题,表现在组织管理方式不同,具体操作方式各异,距离标准化、规范化尚有很大差距,这些都为道路旅客运输安全生产埋下隐患。在例检组织形式上,有客运经营者自行组织安全例检,有委托维修企业进行安全例检;在例检管理方式上,安全例检信息化程度比较低,多数采取人工检查,纸质传递信息,少数使用 IC 卡进行安全例检与报班;企业对该岗位重视不足,对岗位人员培训不到位;在设施设备配置上，大多数采用地沟，也有利用地面加装探头的，基本使用检验锤与手电筒，个别地区利用不解体检测设备；在检查周期上，大多实行日检，也有每月检查几次的；在检查项目上，基本以《汽车客运站安全生产规范》为基础，但具体操作上有过度，有不足；在检查时机上，多数在出站前，也有安排在完成任务回场后；在检查操作时间上，长的需要20分钟，短的只有10几秒钟；在监控方式上，大多为传统方法，有的采用电子监管；在检查质量上，客运经营者自有车辆好一些，参运车辆相对较差；在不合格项目处理方法上，有否决的，有让步的。此外，就车辆行程看，长途车驾驶人安全例检的责任心要比短途车强；部分县际班车、县内区间班车安全例检没有完全到位；在安全例检与报班发车产生矛盾时，还有侥幸放行的现象。

（5）营运客车安全例检长效机制尚未形成。道路运输安全是一项系统工程，需要方方面面共同努力，密切配合，方能奏效。实事求是地讲，营运客车安全例检是在驾驶人对车辆实施日常维护基础上的一项加强性监督措施，单纯抓客运站来保证车辆状况是很难奏效的。《汽车客运站安全生产规范》（交公路发〔2008〕2号）已将营运客车安全例行检查的实施主体定位为汽车客运站经营者，但没有及时将检查项目和方法细化，使得具体操作过程中多生歧义，执行力不够，更没有将客运车辆安全例行检查触及对车况状况负有责任的客运经营者和客车驾驶人，事故责任倒查与追究没有真正落实。如此，导致了客运经营者对安全例检工作重视不够，驾驶人日常维护不够主动，甚至有抵触情绪，消极对待。营运客车安全例检长效机制还没有形成。

第四节　营运客车安全例检规范化

交通运输部道路运输司认真落实《国务院关于加强道路交通安全工作的意见》（国发〔2012〕30号）文件精神，确定以客运安全管理为主，全方位强化道路运输安全工作，落实企业主体责任，加强客运站源头管理，推行道路运输安全标准化、规范化作业。

为切实完善和强力推动客运站安全例检和危险品查堵等安全管理制度的标准化、规范化建设，2012年9月初，交通运输部道路运输司迅速组织力量，开展工作。一是制订工作方案、起草相关规范。结合各地贯彻落实《汽车客运站安全生产规范》的实际情况，收集和汇总了辽宁、广西、福建、江苏、安徽等省（自治区），以及苏州汽车运输集团、福建闽运集团现行制度标准，组织中国汽车维修行业协会、道路运输标准化委员会、交通运输部科学研究院、交通运输部公路科学研究院等相关人员召开碰头会，提出了工作思路，明确了制定规范的基本原则；成立了专家工作班子，制订了工作计划；完成了《汽车客运站营运客车安全例行检查工作规范》、《营运客车安全例行检查技术规范（试行）》、《汽车客运站危险品查堵工作制度》初稿编写工作。二是开展深度调研和技术验证工作。组织专家组走基层，搞调研，重点对湖南、福建两省汽车客运站安全管理制度建设，尤其是安全例检和危险品查堵两项制度的执行情况进行了深入剖析。专家组相继走访了湖南省长沙市、衡阳市、郴州市和福建省福州市、宁德市5个城市的6个客运站（长沙汽车南站、衡阳中心汽车站、郴州汽车总站、福州汽运北站、福州华威城乡客运站、宁德汽车南站），召开了9次座谈会，与省、市道路运输管理部门及汽车客运站、客运企业有关人员，以及客车驾驶人、安全例检人员、“三品”检查员进行了充分的沟通与交流，认真听取了大家的意见和建议，实地验证了起草的《汽车客运站营运客车安全例行检查工作规范》、《营运客车安全例行检查技术规范》、《汽车客运站危险品查堵工作制度》，并进行修改。三是组织培训教材编写。在起草规范和深入调研的基础上，一边进行两个规范的深加工，一边着手培训教材的起草，为安全例检规范的实施积极创造条件。

从调研情况初步分析可以看出，客运站安全例检工作责任重，难度大，安全例检工作亟须提高标准化、规范化水平。建立良好的营运客车安全例检秩序，需要从标准化、规范化入手，全盘思考，统筹安排，依法规，定规范，把源头，细分工，抓长效，保落实。《汽车客运站营运客车安全例行检查工作规范》进一步体现了道路旅客运输安全技术管理在客运站的具体落实，划分了汽车客运站、客运经营者、驾驶人、汽车维修经营者的各自责任，提出了营运客车安全例检信息化管理方向。汽车客运站应当从道路交通运输行业的大局出发，认真执行两个规范，充分发挥安全监督作用，为道路旅客运输提供保障。

第三章 《汽车客运站营运客车安全例行检查工作规范》释义

第一条 为进一步加强汽车客运站(以下简称客运站)营运客车安全例行检查(以下简称安全例检)工作,规范客运站安全例检行为,依据《中华人民共和国道路运输条例》(中华人民共和国国务院令第406号)、《道路旅客运输及客运站管理规定》(交通运输部令2012年第2号)、《汽车客运站级别划分和建设要求》(交通行业标准JT/T 200—2004)等规定,制定本规范。

【释义】 本条确立了制定《工作规范》的目的和依据。

(一)制定《工作规范》的目的

随着经济发展和社会进步,我国的公路建设和道路运输事业不断取得新成效。截至2011年年底,全国公路总里程达410万公里,比2010年增加9.8万公里。全国道路旅客运输经营业户(不含公交和出租)达6万户,拥有载客汽车84万辆、2 086万客位,平均客位25客位/辆。其中,大型客车27万辆、1 127万客位,比2010年分别增长8.3%和9.3%,平均客位42客位/辆。营运客车完成公路客运量328亿人,比2010年增长7.6%。公路客运量在综合运输体系中的占比超过90%。每年春运客运量大多在20亿人次以上。

全国共有等级客运站19 536个,其中一级客运站672个,二级客运站2 102个,三级客运站2 140个,四级客运站5 279个,五级客运站9 343个,平均日发班160万次。

另一方面,随着交通运输业的战略性改组和资产优化,近年来,在全国营运客车车辆数及平均客位数总体保持平稳增长情况下,全国道路旅客运输经营业户数却每年以10%以上的速度减少,充分表明市场的集中度在增加,企业车辆拥有数量也在增加,企业的规模在不断扩大。尽管拥有10辆车以下的企业在减少,但总体看,拥有100辆以上的企业仅有2 000多个,多数企业拥有车辆数在50辆以下。这些企业受经济利益的驱动,片面地追求短期的经济效益，技术管理与车辆维护的投入不足，以至于安全管理制度执行不到位，存在相应的管理水平和管理能力还有待于进一步提高的问题。有资料显示，2011年全国道路运输行业发生一次死亡3人以上的行车事故158起，造成888人死亡；一次死亡10人以上的行车事故15起，造成243人死亡。资料分析认为，导致事故发生的深层次原因是安全生产责任不落实：一是安全管理意识淡薄，二是管理机构不健全，三是规章制度不完善，四是制度不落实，五是管理不规范，六是投入不足。

下面摘录两个文件，看看当前道路旅客运输安全状况。

(1)《国务院安委会办公室关于进一步加强道路交通安全工作的通知》(安委办〔2012〕18号)。

2012年以来，在各地区、各有关部门的共同努力下，全国道路交通安全形势继续保持了持续稳定好转的发展态势，1～3月份，全国共发生5起重大道路交通事故、死亡74人，事故起数和死亡人数同比分别下降37.5%和35.1%。但是，进入4月份以来，全国已连续发生4起重大道路交通事故和1起死亡9人的较大道路交通事故，共造成74人死亡、81人受伤，给人民群众生命财产造成严重损失，道路交通安全形势依然严峻。

4月7日，一辆号牌为辽B 2279W的大型普通客车，在辽宁省大连市保税区境内坠入道路右侧沟内，造成14人死亡、11人受伤。据初步调查分析，事故直接原因是事故车辆超速行驶，造成车辆失控。

4月12日，一辆号牌为皖L 60670的大型普通客车，在安徽省萧县境内与一辆个体经营的号牌为豫N 60023的货车正面相撞，造成24人死亡、2人受伤。据初步调查分析，事故直接原因是客车在会车时违法占用对向车道。

4月22日，上海市南汇益流汽车出租服务有限公司所属一辆号牌为沪B L1290的大客车，在江苏省苏州常熟境内与对向行驶的一辆号牌为苏E D1655的货车相撞，造成14人死亡、20人受伤。据初步调查分析，事故直接原因是客车驾驶人严重疲劳驾驶、操作失误所致。

4月23日，河南省漯河市锦程运输有限公司所属一辆号牌为豫L A8979的东风牌货车，在漯河市舞阳县境内与漯河市宏远汽车运输集团有限公司所属一辆号牌为“豫L 52929”的少林牌中型普通客车迎面相撞，造成13人死亡、12人受伤。据初步调查分析，事故直接原因是货车逆行、违法超车、超速、处置不当所致。

4月25日,云南省保山交通运输集团所属一辆号牌为云M 13346的卧铺大客车,在云南省楚雄彝族自治州境内翻下桥梁,造成9人死亡、36人受伤。据初步调查分析,事故直接原因是客车驾驶人临危处置不当所致。

依据有关规定,国务院安委会已对上述5起事故中的4起重大事故实行挂牌督办,查处结果将及时向社会公布。这些事故暴露出部分地区道路交通非法违法现象突出,一些企业安全生产主体责任尤其是营运车辆安全管理责任不落实、宣传教育培训不扎实、隐患排查治理不彻底,一些驾驶人安全和法制意识淡薄。同时,也暴露出一些地方、部门道路交通安全监管工作还存在薄弱环节等突出问题。

(2)《国务院安委会办公室关于近期四起重特大道路交通事故情况的通报》(安委办函〔2012〕37号)。

2012年8月中下旬,全国接连发生四起重特大道路交通事故,给人民群众生命财产造成重大损失。现将有关情况通报如下:

8月20日,重庆市合川区境内110省道22公里600米处,发生一起面包车与货车相撞的重大事故,造成12人死亡、1人受伤。据初步调查分析,事故的直接原因是小型面包车超速且违法占道行驶。

8月26日,陕西省延安市境内包茂高速延安段484公里95米处,发生一起客车与货车追尾相撞并引起燃烧的特别重大事故,造成36人死亡、3人受伤。事故原因正在调查。

8月26日,四川省广安市境内沪蓉高速1 714公里400米处,发生一起小型普通客车与大型货车尾部相撞的重大事故,造成12人死亡。据初步调查分析,事故的直接原因是小型普通客车驾驶人操作不当。

8月31日,河南省三门峡市陕县境内连霍高速公路784公里420米处,发生一起客车侧翻滑坠至路边坡底的重大事故,造成11人死亡、14人受伤。据初步调查分析,事故的直接原因是驾驶人在暴雨、路面湿滑的情况下超速行驶,且临危操作不当。

上述事故尤其是包茂高速陕西延安"8·26"特别重大事故的发生,暴露出以下突出问题:一是一些道路运输企业安全生产主体责任不落实,生产运营过程中存在严重的安全隐患,对驾驶人日常安全培训教育不到位,导致驾驶人业务素质不高,应急处置能力不强。二是一些地区、部门对长途客运车辆的安全监管工作不得力，没有积极创造条件，督促客运企业在凌晨2时至5时将长途客车停止运行或实行接驳运输，部分运输企业动态监控没有发挥有效作用。三是部分地区和部门、单位开展道路交通“打非治违”和隐患排查工作不力，“三超一疲劳”等非法违规行为大量存在，一些道路安全防护设施不健全、不规范。四是社会车辆驾驶人安全意识不高，违法违章行为突出。

与客运站安全例检相关的车辆事故也时有发生。

案例 2010年9月28日下午，一辆载有41名乘客的卧铺客车，在行驶至湖北仙桃距潜江还有30公里处，因转向拉杆球销脱落，导致卧铺客车转向失灵冲下路基发生侧翻。图3-1为该起事故的现场。

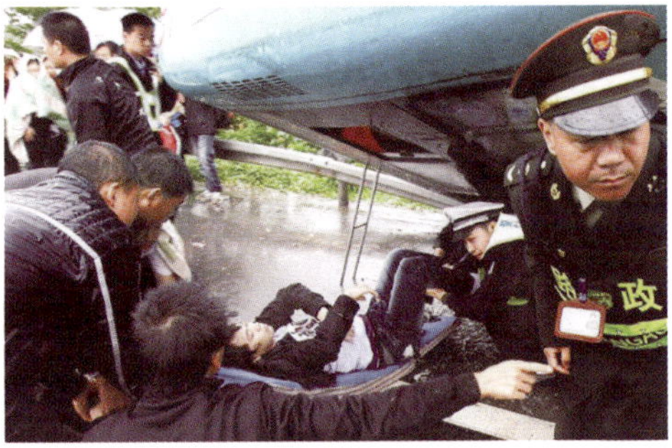

图3-1 卧铺客车侧翻现场

为切实加强和规范道路旅客运输企业的安全生产工作，提高企业安全管理水平，全面落实道路旅客运输企业安全主体责任，预防和减少道路交通事故，2012年1月19日，交通运输部、公安部、安全监管总局联合下发《关于印发道路旅客运输企业安全管理规范（试行）的通知》（交运发〔2012〕33号，以下简称33号文），要求广大道路旅客运输企业主动做好企业的安全生产工作。

交通运输部道路运输司为全面加大安全管理工作力度，从客运站规范化、标准化建设入手，积极建立安全管理长效机制，组织了客运站车辆安全例检和危险品查堵专题调研。调研发现，地方道路运输管理机构和客运站在贯彻执行《汽车客运站安全生产规范》（交公路发〔2008〕2号）过程中，做了大量工作。自用型客运站管理相对好些，公用型客运站对于建制客车管理同样较好，对于非建制客车管理显得薄弱。此外，各地对安全例检工作的认识和理解不统一，执行和落实不一致的情况依然存在。全面反思道路运输安全工作，仔细查找薄弱环节，解决安全工作中的突出问题，采取有效手段，立足源头抓好防范，非常必要。从这种意义上说，加强包括客运站在内的道路运输安全管理规范化、标准化建设势在必行。

（二）制定《工作规范》的依据

交通运输行业管理坚持把握市场化方向，积极采用行政、法律、技术等手段，引领行业发展。

2004年4月30日,国务院总理签署第406号令,正式颁布《中华人民共和国道路运输条例》(以下简称《条例》),这是我国道路运输领域最高层次的法规,是调整道路运输业的根本大法,适用于道路运输全部活动和全过程。考虑到道路运输的开放性和动态化,《条例》在第一章第一条就开宗明义地提出"保障道路运输安全",并且在许多条款中对保证道路运输安全作出了明确规定。第二条要求从事道路运输经营以及站(场)经营的都应当遵守条例。客运站按照《条例》的规定,抓好营运客车安全例检,责无旁贷。

在《条例》出台之际,交通运输主管部门迅速完善了配套的规章制度。2005年7月13日,交通部发布了《道路旅客运输及客运站管理规定》(交通部令2005年第10号,以下简称《规定》)。伴随经济发展,《规定》进行了3次修订,现行有效的是中华人民共和国交通运输部令2012年第2号。

为适应我国道路通车里程、机动车和驾驶人数量、道路交通运量持续大幅度增长的形势,进一步加强道路交通安全工作,保障人民群众生命财产安全,2012年7月22日,《国务院关于加强道路交通安全工作的意见》(国发〔2012〕30号),更加明确了加强道路交通安全工作的基本原则:安全第一,协调发展;预防为主,综合治理;落实责任,强化考核;科技支撑,法治保障。该文件为加强客运站安全例检工作指明了方向。

在加强法制建设的同时,交通行业标准和一系列规范性文件也相继出台。2004年,交通行业标准《汽车客运站级别划分和建设要求》(JT/T 200—2004)开始施行。2008年,交通部制定了《汽车客运站安全生产规范》(交公路发〔2008〕2号)。

这一切,为汽车客运站营运客车安全例检工作的有效实施奠定了基础。《工作规范》在起草中遵循了上述原则。

第二条 本规范适用于三级及以上客运站。其他客运站可参照执行。

【释义】 本条规定了《工作规范》的适用范围。

《工作规范》从实际出发,确定了其适用范围是三级以上客运站,即一级、二级、三级客运站,四级以下客运站可以参照执行。需要特别指明的是,安全工作不允许存在漏洞。所有营运客车都必须经过安全例检,方可报班发车。对于没有条件开展安全例检的客运站,可以与客运经营者协商采取委托检查方式,组织营运客车安全例检,并严格按照《营运客车安全例行检查技术规范》执行。各地管理部门应在政策上给予支持,促进所有等级客运站创造条件,开展安全例检工作。

就运输形式而言,《工作规范》适用于班车客运。

班车客运是指营运客车在城乡道路上按照固定的线路、时间、站点、班次运行的一种客运方式,包括直达班车客运和普通班车客运。加班车客运是班车客运的一种补充形式,在客运班车不能满足需要或者无法正常运营时,临时增加或者调配客车按客运班车的线路、站点运行的方式。

第三条　营运客车实行安全例行检查制度。本规范所称安全例行检查是指在受检车辆进行了正常维护并检验合格的前提下,由客运站车辆安全例检人员(以下简称例检人员)在不拆卸零部件的条件下,借助简单的工具量具,采用人工检视的方法,对影响营运客车行车安全的可视部件技术状况所实施的例行检查。

【释义】　本条确立了安全例检制度,并给出了车辆安全例检的定义。

营运客车安全例检制度是指营运客车投入运行前必须按本规范的要求进行安全例检。

安全管理是客运生命线,不能头痛医头脚痛医脚,需要综合治理,防患于未然。《工作规范》本着依法合规、严谨务实的精神,理清了客运站、客运经营者、营运客车驾驶人以至客车维修企业在保证营运客车安全方面的各自责任,在此基础上,给出了安全例检的定义,明确了客运站应该做和能够做到的安全例检工作,以便将影响车辆安全运行的苗头消除在萌芽状态,保证万无一失。

这里有几点需要注意。首先,定义阐明了营运客车正常维护与检验是安全例检的前提。保持营运客车技术状况的源头在于客运经营者和驾驶人,良好的车辆技术状况不是检查出来的,而是精心维护的结果。因此,《工作规范》实事求是地界定了安全例检是在车辆正常维护并检验合格的前提下进行的。换言之,营运客车只有进行正常的维护和检验,才能顺利通过安全例检。

其次,这里所讲的维护,既包括由专业维修人员进行的一级维护、二级维护,也包括需要驾驶人自身完成的日常维护;这里所讲的检验,既包括营运客车综合性能检测和定期安全技术检验,也包括二级维护竣工检验。如此要求,理由非常充分。《条例》第三十一条规定:“客运经营者、货运经营者应当加强对车辆的维护和检测,确保车辆符合国家规定的技术标准。”《规定》第三十四条要求:“客运经营者应当依据国家有关技术规范对客运车辆进行定期维护,确保客运车辆技术状况良好。”“客运车辆的维护作业项目和程序应当按照国家标准《汽车维护、检测、诊断技术规范》(GB 18344)等有关技术标准的规定执行。”第三十五条要求:“客运经营者应当定期进行客运车辆检测。”《道路交通安全法》第十三条也规定:“对登记后上道路行驶的机动车,应当依照法律、行政法规的规定,根据车辆用途、载客载货数量、使用年限等不同情况,定期进行安全技术检验。”《工作规范》的理念与上述精神完全一致。

再次,定义给定了安全例检是对影响营运客车行车安全的可视部件技术状况所实施的检查。这里借鉴了福建等一些地方对于营运客车安全例检的表述。客运站是营运客车安全管理的源头之一,是道路旅客运输安全监管的重要防线,处于保证客车安全运行的前沿,“责任重于泰山”,容不得丝毫松懈。客运站要严格实行营运客车安全例检制度,切实履行安全例检职责,建立健全并落实安全例检各项制度,配备例检人员,扎扎实实做好安全例检工作。同时,客运站对安全例检承担有限责任,因为安全例检只能做到把关,不能也无法包办代替营运车辆综合性能检测、一级维护与二级维护,以及驾驶人日常维护工作。解决车辆安全运行的根本出路是提升驾驶人素质,保持和提高车辆技术状况。鉴于营运客车发班时间相对集中,预留的检查时间有限,发班高峰时段所能提供的检查时间更是非常短暂,《工作规范》实事求是地作出规定:安全例检是客运站例检人员在不拆卸零部件的条件下,借助简单的工具量具,采用人工检视的方法,对影响营运客车行车安全的可视部件技术状况所实施的检查。安全例检的作用是有效预防和减少因客运站的车辆安全源头管理不到位而引发的安全事故。而解决车辆技术状况的本质问题和深层次问题,要靠合理使用和正常维修。

值得一提的是,在与《工作规范》配套的《营运客车安全例行检查技术规范》中,弱化了营运车辆综合性能检测、二级维护、一级维护,以及驾驶人日常维护的内容,客观地设定了客运站安全例检项目,如,删除客运站不该做也做不到的裂纹检查,离合器、驻车制动器等总成的性能试验(需要安排在车辆检验和二级维护中);对于“道路旅客运输企业应当定期检查车内安全带、安全锤、灭火器、故障车警告标志的配备是否齐全有效,确保安全出口通道畅通,应急门、安全顶窗开启装置有效,开启顺畅”(33 号文第三十二条),安全例检时只做简化要求;保留了对于轮胎等部位检查产生异议时使用轮胎花纹深度尺做进一步检查的要求;增加了满足现代安全管理发展所需要的关于客车应急门要求;给出了“营运客车安全例行检查报告单”式样。

这里顺便指出,从客运站的安全检查内容来看,主要包括营运客车例行检查和旅客行李检查两个方面。《工作规范》仅设定营运客车例行检查的内容,不包括对乘坐客运车辆的旅客所携带行李的安全检查。

经初步测算,客运站进行营运客车安全例检,在例检人员准确掌握规程并熟练操作的情况下,每台车检查的时间需要 3 ~5 分钟,这是经过努力完全能够做到的。

第四条 客运经营者和营运客车驾驶人(以下简称驾驶人)应严格执行有关法规、规章和标准,定期对车辆进行安全技术检验、综合性能检测与维护,保持车辆技术状况完好。

【释义】 本条确立了维持车辆技术状况的根本保证条件。

车辆检查的作用是判定是否存在问题;维护则是采取必要的预防措施,保持车辆技术状况完好,还可以提早察觉隐患,减少和避免故障发生;修理用于消除故障和隐患,检查与维护修理相辅相成。认真做好维护,防患于未然,尤为重要。

道路运输业多年来坚持实行预防为主,强制维护,定期检测的技术管理制度,有效地保证了车辆技术状况,促进了道路运输业乃至国民经济发展。

理论和实践充分表明,保证营运客车技术状况的主要方面在于客运经营者和驾驶人。只要客运经营者和驾驶人按照有关规章制度,认真做好车辆维护和检验,就能够保持车辆处于良好技术状态。33 号文第三条规定:"道路旅客运输企业是安全生产的责任主体,应当坚持'安全第一、预防为主、综合治理'的方针,严格遵守安全生产、道路交通和运输管理等有关法律、法规、规章和标准,建立健全安全生产责任制、岗位责任制和安全生产管理各项制度,完善安全生产条件,严格执行各项安全生产操作规程,加强车辆技术管理和客运驾驶人等从业人员管理,保障道路旅客运输安全。"

客运经营者是客运安全生产的主体,必须加强安全技术管理。一是把加强安全生产管理作为企业经营管理的重点,建立健全安全生产责任制,改变粗放型经营模式,健全组织机构,配备安全管理人员,完善安全生产的硬件,保证安全生产的必要投入,保证车辆安全技术管理正常运行。二是严格执行道路运输车辆强制维护制度,认真制订车辆维护计划,保证车辆按照《汽车维护、检测、诊断技术规范》(GB 18344)等国家有关规定、技术规范以及企业的相关规定进行维护,及时发现和消除事故隐患,经常保持车辆处于良好技术状态。

日常维护是各级维护的基础，营运客车安全与驾驶人息息相关，驾驶人必须认真做好日常维护工作。在每日出车前、行车中、收车后检查车辆装备是否齐全，关键部位连接是否牢固，各种油液是否符合规定，车辆各部是否存在异常，主要总成工作是否可靠，保持车容整洁，维持车辆完好。

第五条 客运站应高度重视安全例检工作。客运站应与进入该站的营运客车所属客运经营者签订营运客车进站协议，明确双方关于安全例检的责任和权利，并严格履行协议。

【释义】 本条确定了客运站是安全例检的责任主体，并对营运客车进站协议作出规定。

2006年，相关单位对全国2005年和2006年两年的特大道路交通事故进行了分析，结论是70%左右的特大道路事故与客运有关，其中又有70%左右的事故与客运站的安全管理有直接或间接关系。客运站从业人员对责任倒查机制认识不足，责任意识不强的现象应引起足够的重视。

反过来说，如果客运站严格履行安全管理职责，有些事故完全是可以避免的。因此，无论是从对国家、对社会、对家庭、对自己来说，都应当从过去的事故中吸取教训，扎实有效地做好客运站安全例检工作。《规定》第六十七条要求："客运站经营者应当依法加强安全管理，完善安全生产条件，健全和落实安全生产责任制。"本条参照上述要求，对客运站安全例检责任作出具体描述。

客运站是安全例检责任主体，在《汽车客运站安全生产规范》(交公路发〔2008〕2号)已经对此提出相应要求。客运站应当建立健全安全生产责任制、岗位责任制和安全生产管理各项制度，制订和完善安全生产管理体系和岗位操作规程，健全安全生产管理机构，配备例检人员，保障安全生产投入，夯实安全管理基础，定期召开安全生产分析会，及时发现和消除事故苗头，保证安全工作顺利进行。

《规定》第六十六条就客运站经营者和进站发车的客运经营者依法签订服务合同作出了规定。客运站经营者应当与客运经营者签订客运车辆进站协议，将客运经营者的车辆安全主体责任和客运站实施车辆安全例检的工作责任作为协议的重要内容，予以明确。营运客车进站协议(合同)应包括安全例检车辆型号与数量、安全例检时间和内容，不合格项目处理，信息沟通，结算金额和结算方法,违约责任等事项,明确双方的安全例检责任和义务。协议对当事各方具有约束力,各自应该履行并承担相应的责任,保证营运客车安全例检工作有效开展。客运站经营者应当坚持“安全第一、预防为主、综合治理”的方针,严格执行有关的法律、法规、规章、标准,建立健全车辆安全例检责任制、岗位责任制和各项管理制度,完善安全例检设施设备条件,认真遵守操作规程,做好安全例检工作,确保从站内发出的客车安全技术状况完好。无论是自有车辆,还是进站参运车辆,客运站都应当一视同仁地对待,勇于担当起“防火墙”的作用,牢牢把住客运站的安全生产源头关,积极主动地防患于未然,踏踏实实、保质保量地做好营运客车安全例检工作,有效预防因客运站源头管理不到位而引发的运输安全事故。

应当指出,合同中如果存在免除自身责任、加重对方责任、排斥对方权利等不符合法律规定要件的,则为无效合同,不能产生合同的法律效力。

第六条　客运班线单程营运里程小于800公里的客运班车和往返营运时间不超过24小时的营运班车,实行每日检查一次;客运班线单程营运里程在800公里(含)以上的客运班车和往返营运时间在24小时(含)以上的营运班车,实行每个单程检查一次。未经安全例检或安全例检不合格的营运客车,客运站不得排班发车,驾驶人不得用其运送旅客。

【释义】　本条明确了安全例检的具体要求,强调了安全例检的否决作用。

客运站应当建立营运客车安全例检制度,并严格执行。在贯彻执行制度的过程中,有几点值得强调,一是营运客车报班发车前必须经过安全例检。二是安全例检因车而异,即,单程营运里程小于800公里的客运班车和往返营运时间不超过24小时的营运班车,实行每日检查一次;单程营运里程在800公里以上的客运班车和往返营运时间在24小时以上的营运班车,实行每个单程检查一次。三是安全例检合格方可投入运营。

营运客车安全例检是在驾驶人对车辆实施日常维护基础上的一项加强性监督措施。驾驶人应当按规定做好出车前、行车中和收车后日常维护,并主动配合例检人员做好安全例检工作。坚决摒弃任何以检代维的错误观念,不能单纯依靠检查来维持车辆技术状况良好,而只能通过定期检测、强制维护、视情修理来保证技术状况。

在等级客运站发车的客运班车的安全例检工作由客运站负责实施,原则上在每日第一班始发前进行。本条规定,既要实行客运班车每日首次发班前必检,又要避免一日多次重复检查。

安全例检的重要性体现在对安全例检不合格车辆的否决上。《条例》第四十一条要求:“道路运输站(场)经营者应当对出站的车辆进行安全检查,禁止无证经营的车辆进站从事经营活动,防止超载车辆或者未经安全检查的车辆出站。”这是对安全例检不到位的否决。《工作规范》据此规定,未经安全例检或安全例检不合格的营运客车,客运站不得排班发车,驾驶人不得用其运送旅客。旨在强调安全例检必须合格,避免车辆带病运行,引发事故。

第七条 客运站应设立安全例检机构,负责安全例检的组织实施。例检机构应建立健全岗位职责、工作程序和监督机制等,保障安全例检工作正常有效运行。

【释义】 本条是关于安全例检机构建设的规定。

无论是否独立,不管名称如何,客运站都必须按有关规定设置安全例检机构,负责客运客车安全例检的组织实施。安全例检机构应配备一定数量的例检人员,制定并完善例检人员岗位职责、工作内容、工作程序和内部监督机制等,细心组织,妥善安排车辆安全例检工作,指导并督促例检人员认真履行职责,严格按照《营运客车安全例行检查技术规范》规定的检查项目、方法及要求进行作业,推动营运客车安全例检工作高效、有序进行,保证安全例检工作质量。

例检人员具体实施检查工作,应当增强责任感和使命感,严格按照《营运客车安全例行检查技术规范》操作,切实保证安全例检工作质量。

第八条 客运站应按日检车辆数配备例检人员。客运站例检人员配置可以参照附件1执行。

附件1

客运站车辆安全例检人员、设施配置推荐表

日检车辆数(辆)	例检人员数(人)	检验地沟数(条)或举升装置数(台)
600以上	12	3
400~600	9	2
200~400	6	2
100~200	4	1
100以下	2	1

【释义】 本条是关于例检人员配置的规定。

例检人员配置与检车作业量有直接关系。满足安全例检工作需要，是例检人员配置的根本要求。考虑到我国东中西部经济发展水平不同，道路旅客运输企业经营规模、管理方式各异，加之地域辽阔，地理、气候条件的差异，很难强制划一地作出规定。这里按照根据多数地区安全例检工作实践，并经初步核算，给出了例检人员配置推荐表。各地可以根据安全例检实际需要，提出符合本地的具体要求。从安全例检工作实际出发，例检人员配置最低不应少于2人。

第九条 客运站应当制订安全例检工作人员培训计划，明确培训内容、培训时间和考核目标，做好培训记录与总结。

【释义】 本条是对于安全例检机构内部培训工作的规定，是本着《汽车客运站安全生产规范》有关精神制定的。

现代企业竞争是全方位、多角度、宽领域、高层次的竞争。人力资源是企业竞争力中最主要的因素，人的综合素质又是人力资源中的主要因素。安全责任重于泰山。客运站例检人员责任重大。搞好内部培训是提高人员素质的有效途径，是做好安全例检工作的基础性工作。客运站应当制订例检人员上岗培训与继续教育培训计划，明确培训内容和时间，每人每年培训时间应该在20小时以上，确保相关人员掌握必要的法规政策知识和安全例检实际作业能力。

随着汽车技术的日新月异，新产品、新技术、新装备、新材料、新工艺不断涌现，开展继续教育，更新专业知识，是一项持久性工作。客运站应着眼于打造企业文化，创新服务品牌，引导例检人员树立终生学习理念，根据客运站规模、营运客车特点和例检人员实际水平，制定工作目标，实施培训计划，特别要在先进服务理念和新型实用技术方面下工夫，在扩大培训覆盖面和深化培训内容方面用气力，保证培训工作扎实有序地进行，切实提升例检人员的职业道德与专业技能。培训工作中，要做好每期培训的记录和统计分析，鼓励知识更新和人员末位淘汰，保证安全例检工作良性运转，推动培训活动逐步深入，取得更大实效。

第十条 例检人员应具备必要的汽车专业知识和实际工作能力，掌握客车构造和常用检验方法，熟悉客运管理相关政策法规和技术规范，参加客车安全例行检查岗前专项培训并经考核合格，持有机动车维修质量检验员（安全例检）从业资格证。

例检人员工作中，应遵守行为规范，佩戴标识，用语文明，认真作业，秉公办事，不徇私情。

【释义】 本条是对例检人员基本条件和行为规范的规定。

安全例检是责任重大、作业细致的岗位，要求例检人员具有高度的工作责任心，良好的职业道德和爱岗敬业精神；熟知客运管理政策法规；熟悉客车结构、工作原理和维修等基础知识；掌握客车安全例检方法和相关技术标准，能够正确使用检查设备；了解汽车故障隐患的规律性特点；能熟练操作计算机，以保证安全例检质量和效率。例检人员还要参加安全例检岗前专项培训并经考核合格，取得机动车维修质量检验员(安全例检)从业资格证。

《道路运输从业人员管理规定》(交通部令2006年第9号)对道路运输从业人员的从业资格作出了规定。这里按照交通运输主管部门的意见，将客运站例检人员归属于机动车维修质量检验人员的范畴，并作为单独的分支，既可尽早实现例检人员统一规范，又可与现行道路运输从业人员管理制度对接。对于持有地方例检人员证件的人员，可以视同具有安全例检从业资格证。例检人员从业资格管理由省级道路运输管理机构组织安排。

客运站配备例检人员，可以在具有丰富工作经验的客车驾驶人、维修技术人员中选拔，并保持例检人员队伍的相对稳定。

车辆安全例检也是一种服务，需要讲究行为规范。为了展现客运站企业文化和服务水准，展示交通运输行业良好风貌，要求例检人员工作中佩戴标识，语言文明；为了保证安全例检工作切实到位，还要求例检人员认真工作，秉公办事，不徇私情。

对例检人员的安全操作要求是：

(1)检查作业时，要确保客运车辆上无旅客乘坐。

(2)车辆进、出例检场所时，例检人员应进行必要的安全引导。

(3)开始检查时，例检人员应提醒驾驶人将发动机熄火，拉紧驻车制动器操纵杆，并将变速杆置于空挡。

(4)保持例检场所地面清洁、干燥，地沟及其周围无任何油污，无堆放杂物。

(5)例检场所设置规格、数量符合规定，且在有效期内的消防设施。

(6)利用地沟进行安全例检作业时，必须使用停车楔(俗称“三角木”)进行防护。

(7)例检员作业时,须穿着布料较厚并具有一定防护功能和醒目的反光标志的工作服,并佩戴工作防护手套;底盘作业的例检员还须佩戴安全工作帽。

(8)使用检验锤进行安全例检作业时,手握方法应得当,并确认手柄与锤体结合牢固。

(9)使用汽车举升机进行例检作业时,应有两人以上共同操作,一人操控按钮,另一人观察车辆举升状态。举升前,四个支角应在同一平面上;升降过程中,任何人员不得滞留于升降平台下;举升到预定高度时,应将举升机锁止。

第十一条 客运站应及时向客运经营者通报安全例检信息。

【释义】 本条是对安全例检情况通报的规定。

33 号文第六十六条规定:"道路旅客运输企业应对排查出的安全隐患进行登记和治理,落实整改措施、责任、资金、时限和预案,及时消除事故隐患。""对于能够立即整改的一般安全隐患,由运输企业立即组织整改;对于不能立即整改的重大安全隐患,运输企业应组织制订安全隐患治理方案,依据方案及时进行整改;对于自身不能解决的重大安全隐患,运输企业应立即向有关部门报告,依据有关规定进行整改。"

客运站应与委托车辆安全例检的客运经营者签订协议,建立车辆安全例检信息交流制度,定期将车辆安全例检信息反馈给客运经营者,保证安全例检良性循环。

客运站还应当建立健全安全例检信息内部传递机制,例检人员定期或不定期地向安全例检机构、客运站法定代表人报告车辆安全例检动态和安全隐患,提出预防措施和整改建议。安全例检机构、客运站法定代表人应当积极采纳例检人员提出的意见,并及时组织相关人员予以落实和整改。

第十二条 客运站应当制订包含安全例检内容的应急预案。

【释义】 本条是关于应急预案的规定。

道路旅客运输是安全管理重点,安全工作不能存在漏洞,客运站必须具备应对突发事件的能力。社会结构深刻变动、利益格局深刻调整,社会矛盾和突发事件明显增多,公共安全和应急管理工作面临的形势更加严峻,对交通运输安全应急保障和反应能力提出了更高要求,客运站必须具备应对突发事件的能力。

客运站应制订客运高峰车辆安全例检应急预案,内容应包括:客运高峰的定义、报告程序、应急指挥及处置措施等。

客运站应组织应对突发事件的应急演练,提高应对突发事件的能力和水平,并逐步完善应急措施,确保紧急情况下安全例检工作的有序进行。

第十三条 客运站应当建立安全例检抱怨处理制度,接受驾驶人和社会的监督。

客运站对接到的举报和投诉应当及时予以调查和处理。

【释义】 本条是关于客户抱怨的规定。

客运站应该实行公开服务,规范服务,优质服务,全面提升运输服务水平和效率,最大限度地满足客车驾驶人、旅客的合理需求,以适应经济社会发展的新要求和人民群众的新期待。

客运站应当建立抱怨处理制度,公开本站举报电话号码、通信地址或者电子邮件信箱,以及所在地道路运输管理机构监督投诉电话,诚恳接受营运客车驾驶人、旅客、新闻媒体及社会各界对客运站安全例检工作的监督。

客运站对接到的举报和投诉应当及时予以调查和妥善处理,并向抱怨者作出合理合法的解释,努力将矛盾化解在萌芽状态。

公开所在地道路运输管理机构监督投诉电话,可以保障抱怨者在抱怨没有得到很好解决时,依法向上级主管部门投诉,行使批评监督的权利,使抱怨尽快得到解决。

第十四条 客运站应设置例检场所,其中应包括辅助用房,同时应设置明显的车辆通行指示标志,正确引导营运客车顺畅进入车辆安全例检场所(以下简称例检场所)。应在例检场所醒目位置公布安全例检流程图示,安全例检项目、检查方法、技术要求及其他注意事项。

【释义】 本条规定了例检场所的基本要求和安全例检服务公示方面的要求。

例检场所是开展安全例检的起码条件。其应包括满足车辆安全例检要求的场地和辅助用房。《汽车客运站级别划分和建设要求》(JT/T 200—2004)规定了客运站的术语和定义、车站类别、主要功能、站址选择、设施设备、级别划分、建设要求等。其中例检场所是等级客运站的必备条件。

信息透明是服务双方信息对称的前提,是经营者诚实信用,优质服务的必要条件。客运站应在站区分布图上标明例检场所位置和行车路线,避免车流与人流交叉;设置明显的车辆通行指示标志或功能指示牌,正确引导车辆进入例检场所,并保持标识醒目、完好,便于识别。

客运站应在例检场所公布安全例检流程、作业项目、检查方法、技术要求等,以增强例检人员的责任感和使命感,也便于接受监督。

第十五条 例检场所面积应满足车辆安全例检的作业要求,例检场所地面应坚实、平整,并具备防风、防淋、防晒及良好的采光、照明和通风等条件。例检场所应配置对讲设备。例检场所应设有供检查客车使用的地沟或举升装置。

新建或改建的客车检查地沟或举升装置配置数量可以参照附件1执行。地沟的长度应当不小于承检车辆最大长度的1.1倍,宽度不小于0.65m,深度不小于1.3m,并配备安全电压的照明设施。

【释义】 本条规定了例检场所的设施要求和新建或改建例检场所的主要设施设备配置要求,旨在引导安全例检标准化、规范化,促进客运站的持续健康发展。

《汽车客运站级别划分和建设要求》(JT/T 200—2004)规定了客运站的术语和定义、车站类别、主要功能、站址选择、设施设备、级别划分、建设要求等。客运站应当按照标准的要求配置设施设备,并保持状况良好。这里提出的例检场所面积应满足车辆安全例检的作业要求,是指其与客运站等级、规模、承检车型相适应。本条参照一些地方标准,细化了安全例检的设施要求,要求具备防风、防淋、防晒及良好的采光、照明和通风等条件,各地可以因地制宜地采取相应措施,以保证安全例检工作在全天候条件下的正常进行。

目前,大多数客运站车辆安全例检工作由就车检查人员与记录人员配合完成,记录人员与检查人员或驾驶人的联络方式主要靠喊话。由于现场嘈杂,加之语音差异,难免出现差错,而且增加例检人员工作强度。《工作规范》从简便易行的角度,提出了配备无线扩音设备的要求。

地沟或汽车举升装置是实施营运客车安全例检的必要设施。有的客运站曾经在安全例检方面进行探索,设法用摄像头来观察灯光和转向拉杆状况,由于受到停车位置、车辆结构等方面的影响,显示器很难全面准确地反映车辆实际状况。客运站安全例检实践表明,客车下部的检查,如查看转向拉杆球销是否松旷,制动管路是否漏气,轮胎内侧有否损伤,采用地沟是必要的。当然,并不排除采用汽车举升装置,特别是以中小型客车为主要检查对象的客运站。

同样,检查地沟或举升装置的配置数量与检查地沟的尺寸的根本要求是满足安全例检工作实际需要。考虑到各地客运站的实际情况，这里着重对新建或改建的例检场所的地沟或举升装置的配置提出了要求，列出了安全例检设施配置推荐表。地沟尺寸的确定参照了一些地方标准。由于车型种类多，车身长度、轮距、结构各不相同，尺寸要求不宜强行一致。长度上的考虑主要是保证例检人员检查工作安全和进出方便。有条件的，可以设置连通辅助用房与地沟之间的地下通道。宽度上主要考虑的是不同车型实施检查的可行性。深度上主要考虑的是例检人员身高的差异。有条件的，可以增设能够升降的工作平台。

安全电压照明电源的配置，是为了确保用电安全。

第十六条 例检场所应配备保证安全例检工作安全的停车楔及安全例检工作所需的检验工具和量具。

检验工具和量具主要有：检验锤、便携式照明器具、轮胎气压表、轮胎花纹深度尺，以及套筒扳手、扭力扳手、钢卷尺、钢板尺等。

【释义】 本条主要规定了保证例检人员安全的设施以及安全例检工具和量具的配置要求。

安全例检作业安全非常重要。为了保证例检人员工作安全，《工作规范》特别提出了停车楔的配置要求。停车楔俗称三角木，也被称作橡胶止轮块、橡胶防撞块、橡胶护角。

本条还提出了检验工具和量具的要求。检验锤是安全例检工作必不可少的设备，经验丰富的检查人员可以凭借敲击机件的声音判断机件是否存在问题，因为敲击完好的锣鼓与敲击损坏的锣鼓所发出的声调是不同的。便携式照明器具能够根据例检人员的工作需要灵活使用。轮胎气压表、轮胎花纹深度尺可用于肉眼难以判定检查结果时的进一步检验。套筒扳手、扭力扳手、钢卷尺、钢板尺等可以应对不时之需。

第十七条 检验量具须经法定或授权的计量检定机构检定，并取得计量检定合格证，且在有效期内使用。

【释义】 本条是对计量器具的检定要求。

《计量法》规定，计量行政部门对"用于贸易结算、安全防护、医疗卫生、环境监测方面的列入强制检定目录的工作计量器具，实行强制检定。未按照规定申请检定或者检定不合格的，不得使用。""其他计量标准器具和工作计量器具，使用单位应当自行定期检定或者送其他计量检定机构检定。"轮胎气压表、轮胎花纹深度尺等属于计量器具,应当定期进行检定,保证计量准确。计量检定不合格或超过检定周期的计量器具,不准继续使用。

第十八条 安全例检机构应对设施设备加强管理,保持设施设备技术状况良好。

【释义】 本条是对设施设备管理的要求。

33号文第六十五条要求:“客运站经营者应当维护好各种设施、设备,保持其正常使用。”无论从资源充分利用,还是从经营成本核算的角度讲,客运站都应加强设施设备管理,精心爱护,合理使用,最大程度发挥其效能,为安全例检活动正常开展提供保障。

第十九条 客运站营运客车安全例行检查工作流程可以参照附件2执行。

例检人员应按照《营运客车安全例行检查技术规范(试行)》(附件3)的要求进行检查,并填写检查记录或录入安全例检信息化管理系统。

附件2

客运站营运客车安全例检工作流程图

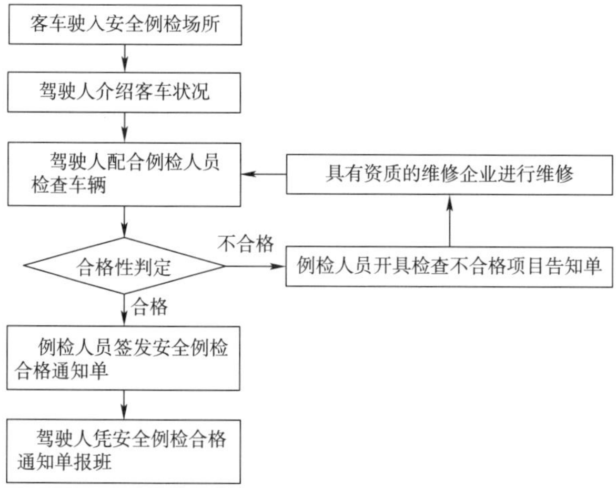

【释义】 本条是对安全例检流程的简单描述和安全例检作业的原则要求。

营运客车进站检查前,驾驶人应搞好车辆清洁,力所能及地排除漏油、漏水、漏气、漏电及连接导线松脱等缺陷。

客车驶上例检场所时,驾驶人应主动向例检人员反映车辆技术状况变化情况。例检人员应根据驾驶人的情况反映,结合车型特点、车辆档案(实行电子信息管理),按照《汽车客运站营运客车例行检查技术规范》的要求进行检查,准确地作出判断，并做好相关记录。对于已经建立安全例检信息管理系统的，可将安全例检信息直接录入管理系统。

安全例检的时机安排非常重要。道路运输车辆安全技术管理的实践证明，利用客车回场时间不集中的机会，组织车辆进站安全例检，是适宜的。这样，既可以错开安全例检高峰，减少车辆等待时间，避免车辆排队，影响客运站内外车辆通行，又可以给车辆的运行性修理提供足够时间，有利于维修均衡作业，最大限度地利用人力和设备资源，促进低碳交通发展。反之，集中在车辆出站时进行安全例检，车流高度集中，时间要求紧迫，难以保证检查质量，也给维修工作带来困难。

流程重在解决怎么做的问题。客运站安全例检工作应该制定流程并予以规范。考虑到全国各地经济发展水平不同，客运站的经营规模、管理水平、车型条件等差异较大，这里只给出了基本流程。各地客运站可以参照基本流程，并结合自身实际情况，建立能够满足本站工作需要的安全例检流程。

《营运客车安全例行检查技术规范》在第四章中有专题介绍。

第二十条 例检人员对经检验合格的车辆签发安全例检合格通知单，作为营运客车报班发车的依据。

安全例检合格通知单自签发时起，24 小时内报班有效。安全例检合格通知单超过时限的营运客车，须重新进行安全例检，合格后，方可报班。

《营运客车安全例检合格通知单》式样见附件 4。实行安全例检信息化管理的，另行规定。

附件 4

营运客车安全例检合格通知单（式样）

编号：××××××

营运客车安全例检合格通知单

检查合格时间：　　　年　月　日　时　分

车牌号码/颜色：

安全例检员：（签字）

安全例检机构：（章）

营运客车留存备查

（本通知单 24 小时内报班有效）

【释义】 本条规定了安全例检合格通知单的作用、时效性与样式。

这里有三层含义。一是为了建立并完善客运站站务管理秩序,体现车辆安全例检工作的严肃性,例检人员应对经检验合格的车辆签发安全例检合格通知单,作为营运客车报班发车的依据。

二是安全例检合格通知单限定在24小时以内报班有效。安全例检合格通知单超出24小时的,必须重新进行安全例检。

三是本着简化的原则,给出了《安全例检合格通知单》式样。安全例检合格通知单由营运客车驾驶人保存备查。对于实现安全例检信息化管理的,《安全例检合格通知单》的使用可根据需要另行规定。

第二十一条 安全例检不合格的营运客车,需要修理的,由例检人员开具安全例检不合格项目告知单,交当班驾驶人将车辆送到具有相应资质的维修企业进行维修。维修合格后,维修企业检验员开具维修合格凭证,加盖维修企业印章。当班驾驶人凭维修企业出具的合格凭证到安全例检机构办理复检。

【释义】 本条对安全例检不合格车辆的处理作出了规定。

调研情况分析表明,按照现行制度规则进行的车辆安全例检,不合格率在5%左右。不合格车辆的处置应当引起我们的重视。一些地方对不合格车辆签发“安全隐患整改通知书”,待车辆整改合格后再重新检查。可是,关于“隐患”界定存在法规和标准方面的障碍,对于可能造成“带病运行”或严重影响车容车貌的情形,更不可迁就。

《工作规范》规定,安全例检不合格的营运客车,需要专业技术人员修理的,由例检人员开具安全例检不合格项目告知单,交当班驾驶人将车辆送到具有相应资质的维修企业进行维修。合格后,由维修企业检验员开具维修竣工合格凭证,加盖企业印章。当班驾驶人凭维修企业出具的维修竣工合格凭证到安全例检机构办理复检。坚决防止未进行安全例检或安全例检不合格车辆投入运行。负责任地讲,为了避免误班、脱班、停班的情形发生,客运站应该对故障车辆积极地组织维修。《汽车客运站级别划分和建设要求》(JT/T 200—2004)中要求设置汽车维修车间。当然,任何单位和个人都不能为客运经营者指定车辆维修企业。

关于“具有相应资质的维修企业”的设定是依据《机动车维修管理规定》(交通部令2005年第7号)作出的。该规定出于安全质量的考虑,对于客车维修企业的人员、设施设备条件提出较高要求,以保证维修质量。部分客运经营者为了应付报班，到不具备资质的维修点进行维修的做法是不可取的。

既保证车辆安全例检工作到位，又防止误班、脱班、停班的情形发生，最好的解决办法是建立良好的安全例检工作秩序。即，营运客车完成任务回场，驾驶人首先进行收车后的日常维护，然后到例检场所进行安全例检，查找可能出现的故障或隐患，及时到具有合法资质的维修机构予以排除，随时保持车辆技术状况完好，为投入下一次运营做好准备。

第二十二条 安全例检机构应建立健全安全例检台账并妥善保存，保存期不少于6个月。

【释义】 本条规定了安全例检的基础性工作。

营运客车安全例检台账是安全例检即时状态的原始记录，应如实记载车牌号、检查时间、检查人员、检查结果等事项。建立安全例检台账是一项基础性工作。台账不健全或安全例检原始记录不规范，日期、检查项目填写不全，字迹不清，例检人员不签署自己全名的，一旦出现问题就难以进行倒查和追究责任。为此，《工作规范》规定，安全例检机构应建立健全安全例检台账，并妥善保管，保存期不少于6个月，以备查验。

第二十三条 客运站应逐步建立安全例检信息化管理系统，提高安全例检效率和质量。安全例检信息化管理系统应能够实现营运客车经车辆身份识别进入例检场所完成安全例检的功能。

【释义】 本条指明了安全例检信息化管理的发展方向。

33号文第三十条要求："道路旅客运输企业应当逐步建立车辆技术信息化管理系统，完善营运车辆的技术管理。"

综合分析我国汽车客运站实际状况，现有的客运站安全例检管理方式比较落后，管理信息系统档次不高，也不够规范。随着经济发展与社会进步，道路运输信息化管理步伐不断加快，有必要引导客运站安全例检机构建立与客运站信息管理系统相连接的信息化管理系统，以提高安全例检的效率和质量，提升客运站安全管理的水平。一些地方客运站已经开始使用IC卡进行安全例检和发车报班管理。

这里着眼客运站的新建或改建，原则性地描述了安全例检信息化管理系统发展方向和基本功能，更多内容可见本书第五章的相关介绍。希望各地积极创造条件，结合客运站的搬迁、改造，推进安全例检及至客运站信息化管理进程。

第二十四条　客运站所在地县级以上道路运输管理机构负责客运站监督检查。

【释义】　本条明确了道路运输管理机构对客运站的管理。

《规定》第六条明确指出，交通运输部主管全国道路客运及客运站管理工作。县级以上地方人民政府交通运输主管部门负责组织领导本行政区域的道路客运及客运站管理工作。县级以上道路运输管理机构负责具体实施道路客运及客运站管理工作。《工作规范》据此提出县级以上道路运输管理机构对客运站负责监督检查的要求。

客运站应自觉接受道路运输管理机构的监督检查。

第四章 《营运客车安全例行检查技术规范(试行)》释义

一、《营运客车安全例行检查技术规范(试行)》制定原则

为强化营运客车安全例行检查工作的标准化、规范化操作水平,我们组织交通运输部公路科学研究院与行业内专家、学者着手开展《营运客车安全例行检查技术规范(试行)》(以下简称《技术规范》)的制定工作,确立了以下制定原则:

1)基于客观,便于操作

充分考虑汽车客运站在人员、发车数量、频率及场地等方面的客观条件,《技术规范》所规定的设施设备条件、检查项目以及检查方法等,应有利于汽车客运站安全生产和日常业务的有序开展,并具有操作性。

2)明确权责,形成机制

结合营运车辆技术管理,明确营运客车安全例行检查的主体责任方,形成车辆拥有者(包括运输企业和驾驶人)、汽车维修企业、综合性能检测站(以下简称综检站)及汽车客运站车辆安全管理的多方监督制约机制。

3)统一要求,确保规范

规定汽车客运站营运客车安全例行检查设备设施条件的基本要求,调整营运客车安全例行检查项目,统一检查方法和技术要求,确保营运客车安全例检工作的规范性和有效性。

二、检查项目的确定

1. 车辆安全性

营运客车安全例行检查项目的选取原则取决于车辆的行驶安全性。汽车的行驶安全性是以最小的交通事故概率和最少的交通公害适应各种行驶条件的能

力，它包括主动安全性、被动安全性和事故后安全性三个方面。

1)主动安全性

主动安全性是车辆本身防止或减少道路交通事故发生的性能。与主动安全性相关的内容有：

(1)保证良好的操纵性能。制动系统性能、转向系统性能、行驶系统性能、行驶稳定性、超车加速性能(超车距离和时间)等。

(2)保证驾驶人有良好的视野。驾驶人前视野要求、汽车后视镜的安装要求及性能、风窗玻璃除霜、除雾、刮水器、洗涤器等。

(3)各种照明及信号系统的要求。照明灯的位置和性能要求、信号灯的位置和性能要求、报警器的工作稳定性要求。

(4)减轻驾驶人工作疲劳方面。驾驶室空间尺寸、布置等;人机结合的性能(驾驶人座椅的舒适性;转向盘的操作方便性;仪表盘信号获取方便性等)。

2)被动安全性

被动安全性是交通事故发生时减轻乘员和行人伤亡，减少车辆损失的性能。与被动安全性方面相关的内容有：

(1)驾驶室和车身要求。驾驶室、车身结构要有足够的强度;承受正面、侧面撞击的性能;安全门的方便使用性能等。

(2)座椅系统要求。座椅强度和安装稳定性能；安全带的强度和固定支点位置、强度；座椅头枕位置和工作性能等。

(3)安全气囊要求。安全气囊工作性能。

(4)汽车玻璃安全要求。汽车玻璃撞击安全性能,玻璃固定性能。

3)事故后安全性

事故后安全性是交通事故发生后防止连锁事故发生的性能,主要指防火安全和客车成员快速疏散性能。与事故后安全性方面相关的内容有：

(1)燃油供给系统要求。油箱位置、结构强度、固定可靠性要求；油路材料要求、连接件装配要求等。

(2)电气系统要求。线束布置;电器位置和裸露导线接头要求;导线耐热、阻燃要求等。

(3)汽车装饰材料要求。汽车装饰材料的耐热、阻燃性能。

(4)客车的应急逃生装置,包括安全门、应急开关、应急窗、安全顶窗等。

2. 车辆运行安全的强相关因素

随着我国汽车工业和道路交通运输业的发展，车辆保有量迅猛增长，对车辆安全性的要求也越来越高。车辆作为机电产品，随着行驶里程的增加或使用时间的延长，车辆运行安全关键部件的技术状况会不断劣化。

自2007年1月1日起至2010年12月31日止，我国共发生一次死亡10人以上的特大道路交通事故113起，造成1 655人死亡、1 730人受伤，与客车、货车相关的一次死亡10人以上的105起。其中，客车事故84起，占事故总数的80%（数据来源：中华人民共和国道路交通事故统计年报）。上述事故案例中，因车辆故障引发的事故为39起，占比为37%，其中制动系故障28%，转向系故障32%，其他40%。

通过大量的道路交通重特大事故案例司法鉴定结果分析，可清晰地反映事故案例的基本特征，因机械故障引发的重特大道路交通事故，与制动性能、转向机构和行驶系统有直接关系，在车辆的各个系统或总成中，制动系、转向系、行驶系以及照明信号装置是运行安全的强相关因素（图4-1）。

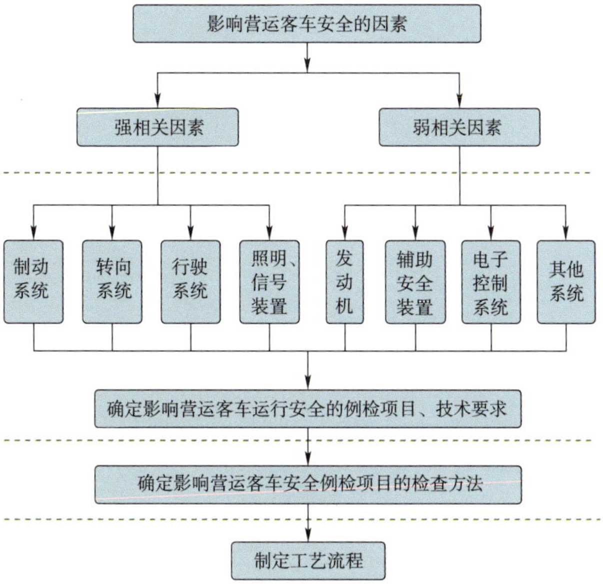

图4-1 车辆运行安全的强相关因素

基于此，汽车客运站营运客车安全例行检查项目以上述系统和总成的可视部件为主,同时兼顾事故后安全防护方面的相关内容,具体项目的设置侧重于车辆运行中易于发生偶发故障和物理结构易于变化的部件和部位,同时应便于客运站实际操作。

三、条款释义

1. 范围

本标准规定了营运客车安全例行检查的术语和定义、设施条件、检查项目、检查方法、技术要求和工艺流程。

本标准适用于营运客车的安全例行检查。

【释义】 该条款对《技术规范》的主要内容和适用范围作出概括性描述。《技术规范》既适用于汽车客运站,同时也适用于客运企业和受汽车客运站委托承担营运客车安全例检的汽车维修企业。

2. 术语和定义

营运客车安全例行检查

在受检车辆按照相关规定进行了正常维护并检验合格的前提下,由车辆安全例检人员在不拆卸零部件的条件下,借助简单的工具,采用人工检视的方法,对影响营运客车行车安全的可视部件技术状况所实施的检查。

营运客车安全例行检查与车辆的日常维护、一级维护和二级维护为非替代关系。

【释义】 (一)营运车辆的维护、检测制度

汽车故障产生的影响因素主要有以下几个方面:汽车设计制造缺陷;使用环境的影响;驾驶行为的影响;车辆使用维护不当,或者车辆出现故障时维修或处理不当;机件自然失效。

通过适当的维护,可有效解决除汽车设计制造缺陷以外的其他影响因素,从而保证车辆良好的技术状况,提高运行安全性,减少油耗和污染物排放。

1990 年,交通部依据我国改革开放以来的有关法规、政策,吸取国内外技术管理的科研成果,总结了新中国成立以来历次发布的技术管理制度,制定了以《汽车运输业车辆技术管理规定》(交通部令 1990 年第 13 号)为龙头的一系列的政策法规、技术标准和技术规范,形成了营运车辆技术管理体系,规范了汽车运输业的技术管理行为,明确了政府职能由部门管理向行业管理的转变,提出了

“择优选配、正确使用、定期检测、强制维护、视情修理、合理改造、适时更新和报废”的管理方针,界定了营运车辆“管、用、养、修”全过程与全方位管理的范围,突出了以车辆为管理的主要对象,体现了坚持预防为主和技术与经济相结合的原则。

全面实施营运车辆技术管理,包含道路运输市场准入、退出和过程监管的全过程,既包括强制维护与定期检测,又包括营运客车类型划分、等级评定制度和货运车辆车型推荐制度。一是在市场准入的源头上严格把关,引导高性能、低能耗、低排放的车辆进入运输市场,限制不符合要求的车辆进入运输市场;二是加强车辆使用环节的监管。组织运输车辆定期检测,不仅有力地保证了车辆的制动、转向、灯光照明等安全性能良好,而且最大限度地实现了降低在用车辆的能源消耗和排气污染物排放;三是规定运输车辆强制维护,及时地发现和消除隐患,防止车辆早期损坏,保持车辆处于良好技术状态,对道路运输安全、节能、环保、高效,发挥了积极影响。总之,营运车辆的技术管理有力地促进了交通运输行业的健康发展,车辆整体技术状况显著提高,道路运输安全保障能力明显增强。

营运车辆的维护形式分为日常维护、一级维护和二级维护,在《汽车维护、检测、诊断技术规范》(GB/T 18344)中均有明确的定义和规定。但是,由于多种原因,致使车辆强制维护和监管工作不到位,维护工作形式化等现象在一些地区有所抬头,主要表现在以下方面:

(1)道路运输市场形成了多元化格局,不少运输企业实行了车辆产权转让、租赁、承包或私营挂靠等经营方式,很多车主只注重经济效益,对强制维护的必要性和作用认识不清,因而“重使用、轻维护”。

(2)为使车辆在年审中能够提供有效维护证明,运输企业、车主及维修企业只是按照规定要求提供维护手续,实际未能在真正意义上对车辆进行维护,维护形式化问题尚比较严重。

(3)实施车辆维护的两大主体——车主和维修企业的自我组织、自我调节、自我约束的市场功能没有真正发挥作用。作为维护后质量评定的第三方——综检站,大多数属于盈利性的经济实体,一定程度上存在重经济效益、轻检测质量现象,使车主产生“维护是形式、检测是实质”的错觉,损害了交通执法的严肃性和公正性,增加了车辆技术管理的难度。

基于上述原因,为强化营运客车安全管理,保障客运安全,引申出营运客车安全例行检查的概念。

(二)定义的含义

该定义包含三层含义:一是明确了车辆拥有者对车辆安全管理的责任和义务。在客运站进行安全例行检查(以下简称安全例检)的营运客车,应按照政府管理部门的相关规定进行维护和检测,即车辆拥有者应承担对车辆按期进行日常维护、一级维护、二级维护、性能检测和技术等级评定的责任和义务;二是明确了安全例检的作业深度和广度。安全例检应是在不解体条件下,由客运站车辆安全例行检查人员(以下简称例检人员),借助工具,采用检视的方法对影响营运客车行车安全的可视部件技术状况进行的检查,即是在车辆按期进行日常维护、一级维护、二级维护、性能检测和技术等级评定的前提下进行的安全性例行检查;三是明确了安全例检与日常维护、一级维护和二级维护三者间的关系,即,安全例检不能替代驾驶人应承担的日常维护以及在汽车维修企业进行的一级、二级维护,安全例检与日常维护、一级维护和二级维护不冲突、不矛盾,无替代关系。从这一层面上讲,客运车辆安全例检是特定条件下,保障车辆运行安全的强化管理措施,客运车辆安全性保障的责任主体应是运输企业、驾驶人、维修企业和客运站四方,而客运车辆安全例检则是客运车辆安全性保障的最终防线,由此形成营运客车安全管理的多方监督制约机制。

(三)定义的前置条件

该定义的前置条件为“在受检车辆按照相关规定进行了正常维护并检验合格的前提下,……”,强调的是保障车辆安全技术状况的责任主体应承担的责任和义务,即:运输企业或车主、承担强制维护的汽车维修企业及综检站应依据相关法规、标准对车辆进行维护和检验,该定义不意味在客运站进行安全例检必须出具一、二级维护、综合性能检验和技术等级评定的相关证明文件。

3. 设施条件

3.1 车辆安全例行检查场所应满足实施安全例行检查、承检车型和发车频次的需要。

【释义】 该条款明确了车辆安全例行检查场所(以下简称例检场所)的基本功能和能力要求。鉴于南北方环境、气候及客运站场地条件的差异,本规范未要求客运站应具有“封闭式检查场所”,以及检查场所的数量要求,各地区可根据自身地理位置和环境条件,因地制宜地进行建设,但应具备并满足实施安全例检、承检车型和发车频次的功能需求和能力需求。图4-2为某汽车客运站车辆安全例检场所。

图 4-2　某汽车客运站车辆安全例检场所

图 4-3　车辆检验地沟

3.2　车辆安全例行检查场所应设有车辆检验地沟或举升装置。检验地沟的结构尺寸、举升装置的规格应与承检车型相适应。检验地沟推荐尺寸：长度不小于承检车辆最大长度的 1.1 倍，宽度不小于 0.65m，深度不小于 1.3m。车辆安全例行检查场所及地沟内应安装照明设施，地沟内的照明设施应采用安全电源。

【释义】　例检场所的设施条件为车辆检验地沟（图 4-3），也可采用举升装置。同时推荐给出了地沟的尺寸，其中长度为承检车辆最大长度的 1.1 倍，按客运车辆最大长度 13.7m 计算，地沟长度至少应为 15.07m，宽度和高度要求主要考虑检查人员在地沟中便于操作和工作舒适性。举升装置可采用单柱组合式（图 4-4）或四柱式（图 4-5）举升装置，由于车辆轴、轮距的差异，就工作效率而言，四柱式优于单柱组合式。

图 4-4　单柱组合式举升装置

图 4-5　四柱式举升装置

目前，一些客运站采用若干摄像头取代检查地沟以及底盘以下的人工检查作业。就技术而言，这无疑是一种较为先进的方法，但对于安全例检仍存在一定的局限性，例如，无法检查制动管路的密封性、空压机转动带以及螺栓紧固情况，因此不能完全取代地沟和人工目视检查。

3.3　三级以上汽车客运站安全例行检查应采用计算机管理系统，具有车辆信息登录、检查数据存储、检查信息查询、检查报告生成、人工录入等功能。

【释义】　目前，相当多的客运站，特别是一级、二级和三级客运站，营运客车的安全例检仍停留在例检人员检查、记录员填表的低效率、低水平的纸质管理上，不能满足科学、高效的管理需求。因此，《技术规范》要求安全例检应采用计算机管理系统，并具有车辆信息登录、检查数据存储、检查信息查询、检查报告生成、自动/人工录入等功能，逐步实现营运客车安全例检信息化管理。

3.4　车辆安全例行检查场所应配备无线扩音设备，具有车辆安全例行检查人员间、车辆安全例行检查人员与驾驶人间的语音联络功能。

【释义】　安全例检实际操作时，例检人员主要依靠喊话和手势向驾驶人发出各种操作指令，由于例检场所多设在汽车客运站内，周边环境较为嘈杂，例检人员，特别是地沟内检查人员的指令信息难以准确清晰地表达。采用无线扩音设备可有效解决这一问题(图4-6)，确保安全例检的实际效果，同时减少例检人员的工作强度。

3.5　安全例行检查场所应配备灭火器等消防设备，地沟内灭火器的放置数量不少于一具。

【释义】　营运客车安全例行检查场所是汽车客运站的组成部分，既属于公共场所，也是作业场所。对于可能存在的火灾安全隐患，应采取必要的预防和应对措施，配备灭火器等消防设备。灭火器等消防设备的数量应根据安全例行检查场所规模大小设置，地沟内灭火器的放置数量应不少于一具。

3.6　车辆安全例行检查场所应具有醒目的文字标志和限速标志。

【释义】　该条款规定了安全检查场所的文字标志和限速标志要求。调研中发现，各地对于例检场所的文字标志有“安检站”，“安检台”、“检测站”等多种称谓，故文字应规范统一。限速标志应在安全检查场所入口前设置，限速5km/h(图4-7)。

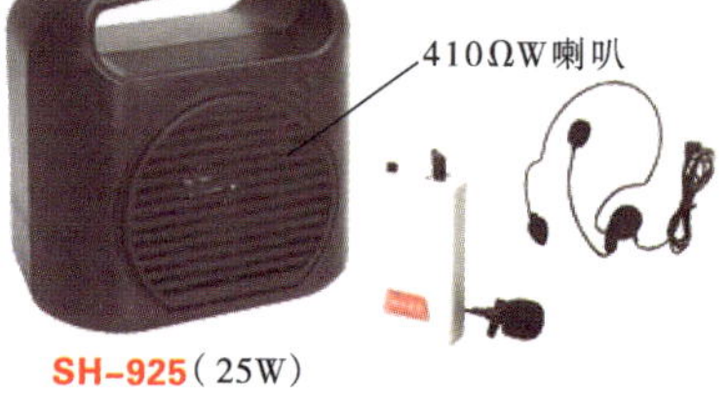

图4-6　无线扩音设备

图4-7　限速标志

3.7 车辆安全例行检查的工具及设备：

a)检验锤；

b)便携式照明器具；

c)轮胎气压表；

d)轮胎花纹深度尺；

e)套筒扳手、扭力扳手；

f)钢卷尺、钢板尺；

g)停车楔，数量不少于2只；

h)其他工具及设备。

【释义】 本规范提出的工具及设备要求是客运站实施营运客车安全例检的基本要求。

汽车客运站例检场所除履行安全例检职责外，还应具有为车辆拥有者或驾驶人提供力所能及的服务功能。对于存在故障或缺陷的车辆，原则上应报修。但当某些故障，例如螺栓松动等能够在安全检查场所内，采用简单的工具快速修复的，客运站应能提供必要的服务工具。因此，工具及设备要求中，“检验锤”、“便携式照明器具”、“轮胎气压表”、“轮胎花纹深度尺”、“钢卷尺”是常用工具，“套筒扳手、扭力扳手”等则是服务工具，见图4-8。

此外，在作业的安全性、规范性方面，应为例检人员提供安全帽、工装、手套、反光背心等必要的安全防护和劳动保护，如图4-9所示。

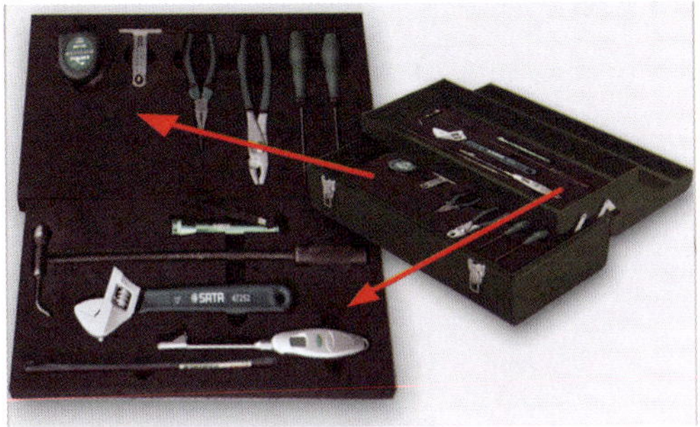

图4-8 车辆安全例行检查的工具

图4-9 安全例检人员

4. 检查项目、方法及要求

4.1 外观

4.1.1 目视检查车身外观及车内环境，车身应整洁、周正，无开裂、明显锈蚀和变形,车窗玻璃齐全、完好,车内应整洁,无杂物。

【释义】 该条款是对车容车貌的要求。例检人员目视巡检车辆外观,并上车检查车厢内部。

汽车客运站安全例检进行车容车貌检查,旨在加强客运环境管理工作,创建环境优美的道路运输环境,提高客运行业整体形象,建立客运环境长效管理机制,以整洁的车容车貌、舒适的客运环境、安全优质的服务水平为群众的出行营造良好、文明的乘车环境。

良好的车容车貌既能美化市容环境,同时也能反映运输企业的车辆管理水平和驾驶人的职业素养。车容不整的车辆,很难想象其安全性能够得到充分保证。

客运车辆的"车容车貌"问题主要表现在车身外观及车厢内部不整洁(图4-10),外皮锈蚀、变形,车窗玻璃不完整等方面。

图4-10　车容车貌不达标车辆

图4-11　责令车主对不清洁车辆进行清洁

车容车貌的责任主体是客运企业、车主和驾驶人,运管驻站机构、汽车客车站负责监督检查(图4-11)。凡是车容车貌达不到要求的,一律不得报班发车。车站要将客运车辆车容车貌的检查作为安全例检的内容之一,确保不洁车辆不出站、不上路。对于"车容车貌"存在问题的车辆,具备条件的汽车客运站可提供外部清洁服务(图4-12)。

4.1.2　*目视检查左右后视镜、内后视镜,应完好、无损毁。*

【释义】 该条款是对后视镜的要求。汽车视镜包括后视镜、内后视镜和下视镜,位于车头两侧的侧后视镜和位于车内的内后视镜与行车安全相关。

汽车后视镜(图4-13)属于汽车主动安全装置,是国家法规规定的强检项目。

图4-12　客运站提供的洗车服务

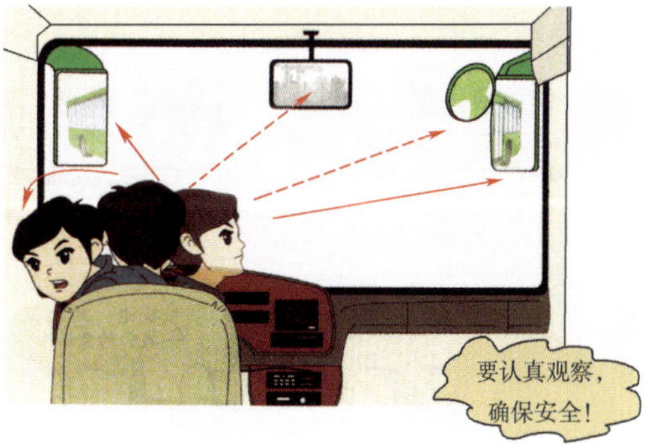

图4-13　车辆后视镜

检查要点:左右后视镜、内后视镜齐全,镜面完好、无破损,应保证良好的后视视野,视镜位置由驾驶人自行调整。

4.1.3　打开前风窗玻璃刮水器开关,刮水器各挡位应工作正常,关闭刮水器时刮片应能自动返回到初始位置。

【释义】　该项检查由例检人员与驾驶人配合完成。

驾驶人打开前风窗玻璃刮水器开关并使刮水器在各挡位下工作,例检人员目视检查刮水器工作状况。当驾驶人关闭前风窗玻璃刮水器开关时,检查刮水器时刮片能否自动返回到初始位置。

【常识】　为保证汽车在雨雪天有良好的视野,各种车辆均配有刮水器,它利用连杆运动机构将电动机连续旋转运动化为刮水器刮片的往复刮刷运动,消除风窗玻璃上的水滴或污垢,保持清晰的视野。刮水器同样属于汽车主动安全装置,刮水器有真空式、气动式和电动式三种。目前,汽车上普遍使用电动刮水器,在使用中稍有不当,可能造成刮水器部件的损坏,从而影响雨天驾驶人的视野。为此,在使用刮水器时应注意以下几个方面。

(1)定期检查刮水器刮片,当发现其严重磨损或有脏物时要及时更换或清洗,否则将降低雨刮器的工作效能,影响驾驶人视线。清洗刮水器刮片时,可用蘸有酒精清洗剂的棉丝擦去刮片上的污物,不可用汽油渍洗和浸泡,否则会引起变形,影响其工作效能。

(2)在试验刮水器工作情况时,风窗玻璃应该先用水润湿,否则会刮伤玻璃,同时由于刮水器刮片摩擦阻力大,还有可能损伤刮水器刮片或烧坏电动机。在试验时应注意电动机有无异常噪声,尤其应引起注意的是当刮水器电动机“嗡嗡”作响而不会转动时,说明刮水器机械传动部分有锈死或卡住的地方,这时应立即关闭刮水器开关,以防烧毁电动机。

(3)使用中当断开刮水器开关时,刮水器刮片应能自动回到风窗玻璃的下侧之后停止。若位置不当,可用转动自动停止器盖的方法来调整。调整时,顺时针转动,停止位置上移,逆时针转动,则停止位置下移。

(4)在冬季,当使用刮水器时,若发现刮水器刮片被冻结或被雪团卡住时,应立即关闭开关,清除冰块、雪团后方可继续使用,否则会因刮水片阻力过大而烧坏刮水器电机。

(5)刮水器电动机一般不要拆下,若因故障必须拆下时,要防止电动机跌落损坏,因为刮水器电机大多利用永磁直流电动机,其磁极多采用陶瓷材料。

(6)刮水器电动机大多做成封闭式,不可随意拆卸。若必须拆卸时,装配时要保持内部的清洁,不可将铁屑之类的污物落在其内,装配时还要注意向含油轴承的毛毡上加注少许润滑油,并更换或补充减速器内的润滑脂。

4.1.4 目视检查发动机、水箱,应无漏油、漏液现象。

【释义】 该项检查由例检人员在检验地沟内完成。

在用车辆的发动机、水箱由于密封件损坏、锈蚀可能导致机油、冷却液泄漏,如维护不当,将会引发车辆故障。检查时,允许有轻微的渗漏,但不应有滴漏现象。

4.2 制动系统

4.2.1 气压表工作状况

起动发动机,观察气压表指示情况,气压表应能正确指示系统压力。

【释义】 通常情况下,受检车辆到达例检场所时,其储气筒压力已达到或超过起步压力。此时,起动发动机,例检人员上车观察气压表工作状态,应有气压指示。如无气压指示,但制动正常,证明气源及管路良好,气压表存在故障。

4.2.2 制动系统密封性

采用气压制动的车辆,在储气筒保持一定压力条件下,关闭发动机,踏下制动踏板,检查各车轮制动气室、气阀及制动管路的密封性,应无漏气声。

【释义】 该项检查由例检人员与驾驶人配合完成。气压制动系统的密封性检查应尽量避免在嘈杂的环境下进行。

采用气压制动的车辆,在储气筒压力已具有一定压力的条件下,关闭发动机,驾驶员将制动踏板踩到底,检查制动踏板是否会自动下沉;例检人员在地沟内对所有车轮的制动气室、气阀及制动管路进行巡检。

【常识】 相关技术标准对制动系统密封性的技术要求如下:

—— 采用气压制动的车辆,当气压升至600kPa时,空气压缩机停止运转3min,其气压降低值应不大于10kPa。在气压600kPa的情况下,空气压缩机停止运转,将制动踏板踩到底,待气压值稳定后观察3min,单车气压降低值应不大于20kPa;汽车列车气压降低值不得超过30kPa。

—— 采用液压制动的车辆,发动机在怠速运转状态下,将制动踏板踩下,保持550N的踏板力并持续1min,踏板不应有向地板移动的现象;采用真空辅助的系统,当残留的真空耗尽且在制动踏板上持续施加220N(乘用车为110N)的力,在发动机起动时制动踏板应轻微地下降。

4.2.3 制动系统自检

接通发动机起动开关,察看制动系统各故障指示灯指示状况,应无故障报警。

【释义】 驾驶人将点火开关转到ON位(不起动发动机),例检人员上车检视制动系统各故障指示灯的指示状况,所有与制动系统相关的故障指示灯均应熄灭。

当代汽车制动系统一般都装有一个或多个故障警告灯,包括ABS警告灯、EBD警告灯、制动系统警告灯(气压告警、制动液液位告警、制动摩擦片磨损状况指示灯)等(图4-14)。ABS警告灯会监视防抱死制动系统,这个警告灯在点火开关转到ON的位置时,会持续点亮约4s。如ABS警告灯一直亮着或是在行驶中点亮,表示制动系统的防抱死部分失去作用,必须进行维修。如果制动警告灯没有点亮,表示常规的制动系统仍然可以正常工作。如点火开关转到ON位,ABS警告灯不亮时,应尽快修理更换此灯泡。如制动警

图4-14 故障警告灯

告灯和 ABS 警告灯同时闪亮,防抱死制动系统和电子式制动力分配系统(EBD)可能失去功能,应立刻修复防抱死制动系统。

【常识】 相关技术标准对制动系统自检的要求:

——气压制动系统低气压报警及限压装置工作正常;

——制动系统故障报警装置及制动液液位报警装置工作正常且无报警信号输出。

4.2.4　空气压缩机传动带

目视检查并指压空气压缩机传动带,应无龟裂、油污和异常磨损,松紧度应适当。

【释义】 关闭发动机,例检人员在地沟内检视空气压缩机传动带有无龟裂、油污和异常磨损,并对空气压缩机传动带进行指压,检查其松紧度(图 4-15)。

目前,随着客车制造技术的发展,很多客车的空气压缩机采用齿轮传动,但仍有大量客车采取传动带传动,对于这类车辆,如果空气压缩机皮带过紧,会使空气压缩机曲轴径向间隙减小,曲轴和轴承之间不易形成润滑油膜,容易造成空气压缩机曲轴烧损;空气压缩机传动带过松,会使空气压缩机转速不够,其排气量和工作压力达不到要求,使汽车制动困难。

图 4-15　例检人员在检查空气压缩机传动带

东风 EQI09OF2D 车用柴油机空气压缩机传动带的调整:

空气压缩机传动带的调整,松开空气压缩机底座支架上的三个紧固螺栓,将调整螺栓顺时针拧动,则皮带张紧,皮带的松紧度为:以 30 ~ 50N 的力按下皮带,其挠度为 15 ~ 20mm。

【常识】 相关技术标准对制动系的要求:

1)外观检查

(1)制动管路固定。制动管路稳固,行驶及转向时,金属管路及软管不应与车身或底盘产生运动干涉。

(2)制动泵(缸)及气(油)路。制动总泵(主缸)、分泵(轮缸)、快放阀、梭阀、继动阀及制动管路无漏气(漏油)现象;制动金属管及软管无弯折、破裂、磨损、凸起、扁平的现象;液压制动助力系统的真空软管无磨损、折痕、破裂、安装错误或滴漏声。

(3)制动器机件制动盘或制动鼓磨损量应在标记规定或制造商要求的特定范围内,其摩擦工作面不得有油污及裂纹、失圆和沟槽等损伤;制动器摩擦材料的厚度极限应高于铆钉,且不应有油污及延伸至铆钉孔的破损或裂缝;制动分泵(轮缸)或制动钳支架,不得有裂纹、变形等损伤,制动钳或制动蹄的促动装置不得有锈蚀、损伤和液体渗漏现象;制动蹄回位弹簧和压紧弹簧不得有扭曲、钩环损坏、弹性损失和自由长度改变等现象。

(4)制动踏板。无破裂或损坏,防滑面无磨光现象。

(5)防抱制动装置。装备防抱制动装置的车辆,应自检正常。当防抱制动装置失效时,报警装置应能连续发出易于听到或看到的报警信号。

(6)制动响应。制动响应无明显迟滞,松开制动踏板时,无拖滞现象。

(7)点制动跑偏。点制动时不应有明显跑偏现象。

(8)缓速器。连接可靠,外表、定子与转子间清洁、无油污,液压缓速器不应有漏油现象。

(9)气压制动车辆的弹簧储能装置。装有弹簧储能制动器的车辆,低气压时,弹簧储能制动器自锁装置应有效。

(10)储气筒。储气筒安装稳固,无制动系统以外的取气装置,储气筒排污(水)阀畅通。

(11)制动踏板行程。制动踏板的自由行程应与该车型的技术要求一致。液压行车制动在达到规定的制动效能时,踏板行程(包括空行程,下同)不应超过全行程的3/4;装有自动调节间隙装置的制动器的踏板行程不应超过全行程的4/5,乘用车踏板行程应不大于120mm,其他类型车辆应不大于150mm。

(12)驻车制动拉杆支点或棘轮机构无过度磨损,拉杆无过度摇晃现象。

2)制动性能

车辆台架检验性能如表4-1所列,路试检验制动距离和制动稳定性如表4-2所列,路试检验充分发出的平均减速度(MFDD)和制动稳定性如表4-3所列。

台架检验制动性能 表4-1

车 辆 类 型	整车制动率(%)		轴制动率(%)		制动不平衡率(%)
	空载	满载	前轴	后轴	
客车(车长≥6m)	≥60	≥50	≥60	≥50	前轴(转向轴)≤24% 后轴、其他轴≤30%或10%

路试检验制动距离和制动稳定性 表4-2

车 辆 类 型	制动初速(km/h)	空载制动距离(m)	满载制动距离(m)	试验通道宽度(m)
客车(车长≥6m)	30	≤9.0	≤10.0	3.0
注:路试制动不得超出试验通道宽度。				

路试检验充分发出的平均减速度(MFDD)和制动稳定性 表4-3

车 辆 类 型	制动初速度(km/h)	满载平均减速度(m/s^2)	空载平均减速度(m/s^2)	试验通道宽度(m)
客车(车长≥6m)	30	≥5.0	≥5.4	3.0
注:路试制动不得超出试验通道宽度。				

3)制动性能检验

台架检验,按以下方法检验行车制动性能和驻车制动性能:

(1)被检车辆各轴按规定的时间依次停放在轮重仪上,分别测取静态轮荷;

(2)将被测车轮置于制动台滚筒上,变速器为空挡,数据采集系统清零;

(3)起动制动台驱动电动机,按提示将制动踏板缓踩到底,测取左、右车轮最大制动力和制动全过程的数据,依次检测各轴;对各驻车制动轴实施驻车制动,测取驻车制动力。

(4)按规定的方法计算整车制动率、轴制动力、制动不平衡率和驻车制动率。

路试检验:被检车辆沿试验通道中线空挡滑行,以一定的初速度(便携式制动性能检测仪速度偏差为规定值的±5%,五轮仪或无触点速度分析仪速度偏差为规定值的±2%),在试验通道内实施紧急制动。待车辆停止后,读取便携式制动性能检测仪(五轮仪或无触点速度分析仪)测取的数据,并检查被检车辆有无驶出试验通道标线。

【事故案例】

案例1 2008年1月9日15:00时,云南省某客运集团公司驾驶人王某驾驶云H1××××万达牌中型普通客车，乘载20人(含2名儿童，核载19人)，由文山州驶往红河州河口县，当行至马关县古林箐乡境内茶南线113公里500米处左转弯路段，车辆向右驶出路面，翻坠至130米深的山崖下，造成14人死亡、6人受伤。图4-16为该事故模拟现场和事故现场。

图4-16　事故模拟和事故现场

事故原因　制动失效，车速过快。

案例2　2009年10月2日9:10时，湖南省永州市×××××汽车运输有限公司驾驶人唐某驾驶车牌号为湘M22×××的大型普通客车，核载30人，实载74人，由祁阳县驶往大江林场黄衫村，行至大江林场区便道一连续下坡转弯处(属急转弯陡坡路段，坡度约20%)，因制动失效，车辆翻入道路外溪水内，造成17人死亡、57人受伤(其中7人重伤)。

事故原因　客车超载，下坡时制动失效，驾驶人处置不当。

案例3　2010年2月28日17时35分，一辆宇通牌大型普通客车(核载27人，实载26人)沿郑密路由东向西行驶至侯寨桥路段，车辆失稳(后轴侧滑，顺时针旋转)，其左前角与左侧与道路右侧桥梁护栏发生碰撞并坠入桥下水库，致19人死亡，7人受伤，车辆及路产受损。

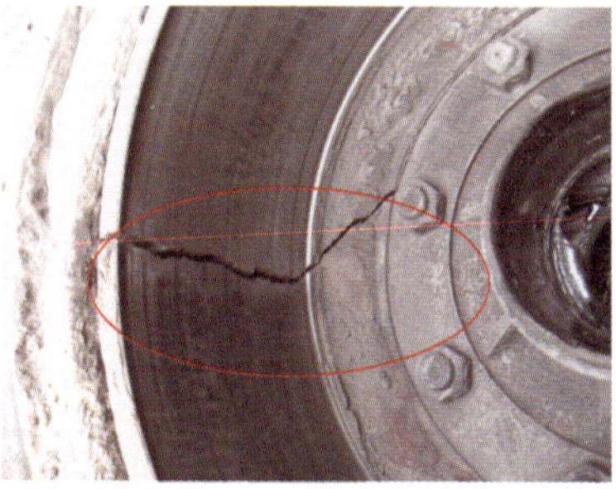

图4-17　完全开裂的左后轮制动盘

事故原因　事故前该车行车制动系统技术状况严重不良，其左后轮制动盘严重磨损并完全裂开(图4-17)，该车轮制动失效，其他各车轮制动盘严重磨损，摩擦面凹凸不平，两后轮摩擦片不均匀磨损严重，局部已磨损至铆钉处，两前轮摩擦片厚度正常(新换摩擦片)，事故前该车两后轮轮胎技术状况不正常，其轮胎花纹基本磨平(图4-18)。

图4-18　严重磨损的两后轮胎

4.3　转向系统

左、右转动转向盘,检视球销总成、横直拉杆,球销总成应无松旷和开裂,横直拉杆应无变形和裂纹,各锁销齐全、紧固。同时检查转向机构连接状况,各连接部位应连接可靠、无松动。

【释义】　该项检查由例检人员与驾驶人配合完成。

起动发动机,驾驶人左、右转动转向盘,同时例检人员在地沟内检查球销总成、横直拉杆,球销总成应无松旷和开裂,横直拉杆应无变形;例检人员用检验锤敲击横直拉杆、转向节臂、平衡杆及锁销,以声音判断是否有松动或裂纹,除声音外,故障部件的敲击手感也有所不同。

采用底盘间隙仪检查时,驾驶人按检验要求配合必要的操作:转动方向盘,检查转向机构各部件连接与固定情况;将转向轮停放在底盘间隙检查仪滑板上(图4-19),踩下制动踏板,操纵底盘间隙检查仪滑板开关使转向轮随滑板产生方向位移,检查转向系各部件技术状况。

图4-19　利用底盘间隙仪检查

【常识1】　转向盘自由转动量是指汽车转向轮处于直线行驶位置静止不动时,转向盘可以自由转动的角度,它是转向系内部各传动连接部件间隙的总反映。过大的转向盘自由转动量,一方面将直接导致汽车转向不灵敏,影响行车安全,另一方面由于转向系内存在着较大的传动间隙而削弱了对转向轮的约束,从而导致汽车直线行驶不稳定。因此,在车辆维护时应对转向盘自由转动量进行检查和调整，使其符合要求。转向盘自由转动量实验结果分析：当自由转动量超过规定值，说明从转向盘至转向轮的传动链中有一处或几处配合松旷。此时，一般通过调整转向器内主、从动件的啮合隙或轴承预紧度来调整，使之符合规定要求。对于因转向系中各球头销或销座磨损引起的自由转动量过大，应修理或更换球头销或销座。

转向盘自由转动量定性检查方法：驾驶人左、右转动转向盘直到手感有阻力时停止，例检人员检查转向盘自由转动量，应在两指范围内。

【常识2】 机械转向装置出现的故障，在动力转向装置中都有可能出现。相对于机械转向装置，助力转向系统经常会产生以下故障，且均与助力转向油液不足有关：转向沉重、助力不足；转向助力瞬间消失；左、右转向轻重不同；动力转向装置噪声。

【常识3】 相关技术标准对转向机构的要求：

(1)部件连接。转向机构各部件应连接紧固，锁止、限位正常，各连杆无松旷，转向时无运动干涉。

(2)部件技术状况。转向节、臂、横直拉杆应无变形、裂纹和拼焊现象，转向器摇臂、球销总成无裂纹、不松旷；转向器壳体、侧盖不得有裂损，无渗油、漏油现象。

(3)转向盘最大自由转动量。最高设计车速不小于100km/h的道路运输车辆，其转向盘的最大自由转动量不大于15°，其他道路运输车辆不大于25°。

(4)转向轮转动。转向轮在行程极限内向两个方向自由地转动，无卡阻和碰擦现象。

(5)转向轮回正与直线行驶能力。转向轮具有自动回正和保持直线行驶的能力，各车轮的定位参数应符合设计值。

(6)转向轮限位及不足转向特性。转向轮具有转角限位装置并有适度的不足转向特性。

(7)转向助力装置。转向助力装置工作正常，不应有传动带打滑、液压油不足和漏油现象。

(8)转向轮横向侧滑量。转向桥采用非独立悬架的车辆，其转向轮(含双转向桥的转向轮)的横向侧滑量应在±5m/km范围内。

【事故案例】

案例1 2008年2月12日14:20，贵州省某汽车运输集团公司驾驶人李某驾驶贵C0××××号金旅牌大型普通客车,乘载37人(含2名幼儿,核载35人),由赤水市驶往遵义市,当行至仁怀市合马镇境内208省道109公里500米处,车辆失控撞断路侧3根警示桩后,坠落路侧60米下的赤水河中,造成24人死亡、13人受伤。图4-20为该起事故现场。

图4-20　事故现场

事故原因　车辆前桥工字梁左转向节销座断裂造成转向失效。

案例2　2010年4月1日,云南省昆明市某汽车运输公司驾驶人熊某驾驶大型卧铺客车(云AR××××,乘载41人,核载42人),由昆明驶往广东珠海,行至石林县境内326国道1 177公里700米弯道上坡处,因违法超车、超速行驶,驶入对向车道,与对向行驶的××交通运输集团公司依维柯客车(云GY××××,乘载19人,核载20人)正面相撞,造成10人死亡,12人受伤。

事故原因　依维柯车驾驶人驾驶具有安全隐患的车辆上道路行驶,车稳定杆右侧后胶套脱落,其余稳定杆胶套松旷,右后轮轮胎花纹较浅,局部花纹已超过磨损极限,加剧车辆沿逆时针方向滑移的趋势。

案例3　2010年9月16日,新疆某地区驾驶人谌某驾驶一辆大型普通客车(新H0××××,乘载17人,核载33人),由阿勒泰市驶向喀纳斯景区,行至232省道48公里878米某乡岔道处,车辆转向失控、驶出路面,垂直坠落路侧55米处后沿山坡翻滚100多米,造成11人死亡、6人受伤。

事故原因　驾驶机件不符合技术标准的车辆,转向直拉杆与左转向节球头连接的球头销孔内弹簧有陈旧性断裂,导致转向失效。

案例4　例检人员在例检时发现一辆青年客车的两前轮胎侧面异常磨损(图4-21),询问驾驶人情况,驾驶人反映,该车最近方向不稳定,有飘浮感。转动转向盘,检查自动转动量和转向节臂、横、直拉杆、球销、球节都正常,用车检锤敲击横拉杆正常,敲击平衡杆时发出了清脆的声响,仔细检查找到了原因所在,是平衡杆上有断裂纹,拆卸后稍用力一弯曲平衡杆就断裂了,断裂面上陈旧性裂纹达80%(图4-22)。

案例5　杭州某大学的一辆金龙大客车因方向不稳(左右飘动)去修理厂检修,

因场地限制，驾驶人向左转动转向盘 90°把客车开到检修地沟上，刚停下车子就听到“咔嚓”一声，经检查是横拉杆左球节脱落，原因是球节上的紧固螺母松旷。幸亏没有发生在行驶途中。

图 4-21　两前轮胎侧面异常磨损

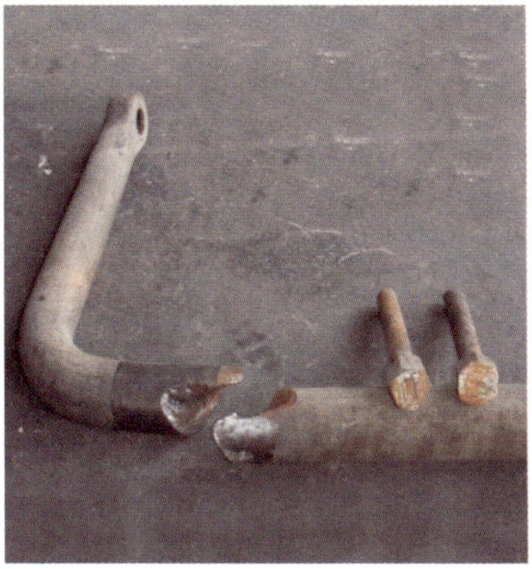

图 4-22　断裂的平衡杆

4.4　传动系统

4.4.1　传动机构及连接

目视检查传动轴支架，传动轴支架应无破损和变形。通过晃动传动轴的方式检查传动机构连接状况，万向节、中间轴承应无松旷。

【释义】　关闭发动机，例检人员在地沟内目视检查传动轴支架（图 4-23），并上、下、左、右晃动传动轴（图 4-24），判断传动轴支架是否破损、变形，万向节、中间轴承有无松旷。

图 4-23　传动轴支架

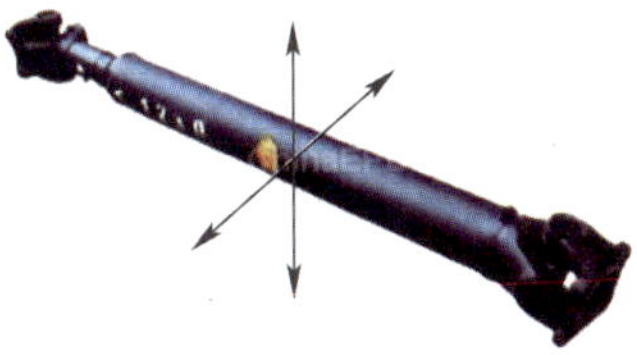

图 4-24　晃动传动轴

4.4.2　自动变速器、液力缓速器密封性

对于同时装有自动变速器和液力缓速器的车辆，目视检查自动变速器、液力缓速器的密封状况，油液应无泄漏。

【释义】 关闭发动机,例检人员在地沟内目视检查自动变速器、液力缓速器的液压油储罐、管路以及自动变速器、液力缓速器密封部位,上述部位有无油污和渗漏。必要时拔出油尺检查液面高度。

一般情况下,自动变速器技术状况的好坏与行车安全无相关关系,但如果车辆同时装有自动变速器和液力缓速器,其工作液的管路可能相通,一旦密封性变差,产生液压油泄漏,在严重缺油时,液力缓速器将失去作用,对车辆的制动性能产生严重影响。

【常识】 相关技术标准对传动系统的要求:

1)离合器

离合器接合平稳、分离彻底、操作轻便,工作时无异响、打滑、抖动、沉重等现象;彻底分离时,踏板力应不大于300N;踏板自由行程应符合原厂规定。

2)变速器

变速器(手动、自动)工作正常,无渗油、漏油现象。

3)传动件抖动和异响

(1)传动轴运转时不应有抖动和异响。

(2)主减速器、差速器无异响。

4)万向节与轴承

万向节、中间轴承无裂纹和松旷。

5)驱动桥密封性

驱动桥主减速器、差速器无渗、漏油现象。

4.5 照明、信号指示灯

4.5.1 前照灯

目视检查前照灯,前照灯应齐全、完好、表面清洁、无松脱;开启前照灯,前照灯应工作正常;操作远近光变换开关,远近光变换应正常。

【释义】 该项检查由例检人员与驾驶人配合完成。

例检人员目视检查前照灯的数量、完好性及有无松脱现象,并查看表面是否清洁。驾驶人在例检人员的指挥下,开启前照灯并进行远近光变换操作,检查前照灯及远近光变换是否工作正常。

【常识】 相关技术标准对前照灯远光发光强度、远光光束和近光光束照射位置的要求分别如表4-4和表4-5所列。

1)远光发光强度

前照灯远光光束发光强度最小限值 表4-4

道路运输车辆	二灯制(cd)	四灯制(cd)
	15 000	12 000

注:四灯制是指前照灯具有四个远光光束。采用四灯制的车辆其中两只对称灯达到两灯制的要求视为合格。

2)前照灯光束照射位置

前照灯光束照射位置 表4-5

车辆类型	近光光束			远光光束[a]	
	明暗截止线转角或中点高度	水平方向位置		光束中心离地高度	水平方向位置
乘用车	0.7H～0.9H	左偏：≤170mm	右偏：≤350mm	0.85H～0.95H[b]	左灯左偏≤170mm;左灯右偏≤350mm
其他车辆	0.6H～0.8H			0.8H～0.95H	右灯左偏≤350mm;右灯右偏≤350mm

注:a 能单独调整远光光束且不影响近光光束照射角度的前照灯;
b 不得低于前照灯近光光束明暗截止线转角或中点的高度;
H 为前照灯基准中心高度。

4.5.2 信号指示灯

巡视检查转向灯(前、后、侧)、制动灯、示廓灯、危险报警灯、前后雾灯,应齐全、完好、表面清洁;进行对应操作,分别目视检查上述各信号指示灯,均应工作正常。

【释义】 该项检查由例检人员与驾驶人配合完成。

驾驶人在例检人员的指挥下,依次开启转向灯、制动灯、示廓灯、危险报警闪光灯、后雾灯(图4-25),例检人员在车辆的前、后及两侧巡视检查上述信号指示灯的齐全性、完好性、清洁性及有效性。

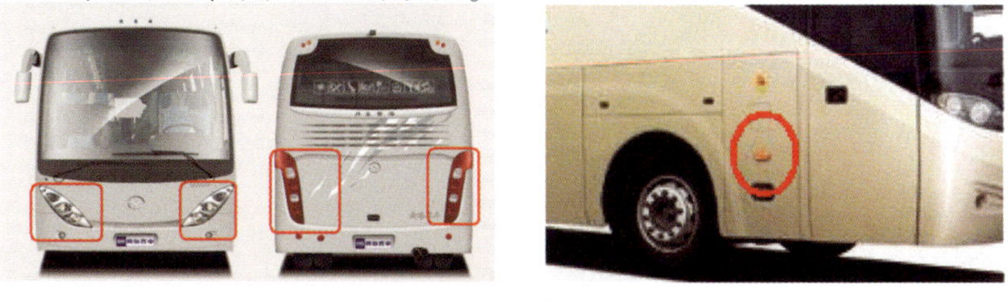

图4-25 车辆的信号指示灯

4.6 轮胎

4.6.1 轮胎外观

目视检查胎冠、胎壁等部位,不得有长度超过25mm或深度足以暴露出帘布层的破裂、割伤以及凸起、异物刺入等影响使用的缺陷。同时目视检查并装轮胎间,应无异物嵌入。

【释义】 例检人员目视检查所有轮胎的胎冠及轮胎外侧胎壁,并在地沟内检查所有轮胎的内侧胎壁,查看有无破裂、凸起、割伤、异物刺入等异常现象。对于后桥并装轮胎,还应检查有无砖头等异物嵌入,以避免车辆高速运行时异物甩出。轮胎常见的缺陷和故障见图4-26。

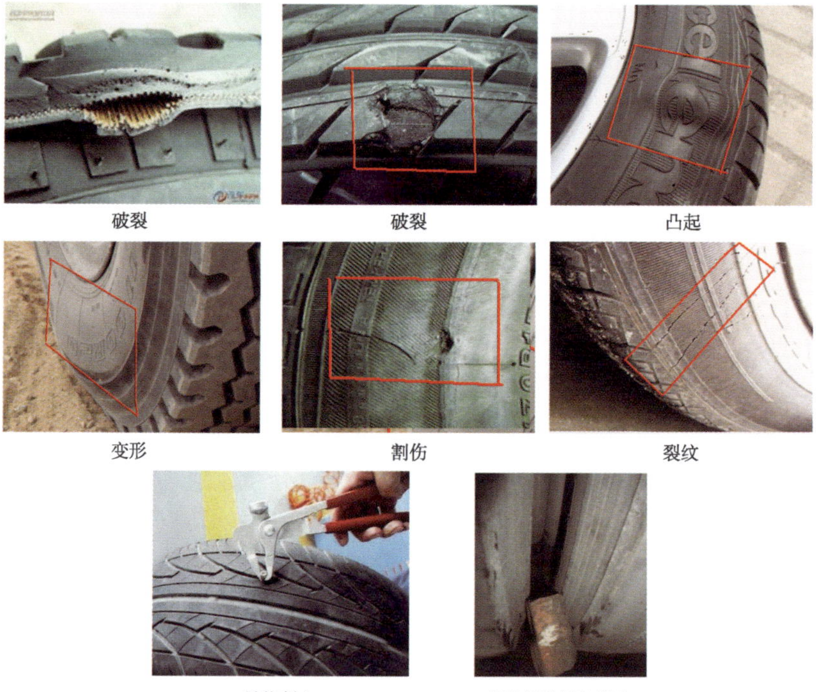

图4-26 轮胎常见的缺陷和故障

4.6.2 轮胎花纹深度

目视检查轮胎磨损状况。必要时用轮胎花纹深度尺检测轮胎胎冠花纹深度。营运客车转向轮的胎冠花纹深度不小于3.2mm,其余轮胎胎纹深度不小于1.6mm。

【释义】 例检人员目视检查各轮胎的磨损标志。无磨损标志或标志不清的轮胎,其花纹深度与规定限值接近而无法判定时,应采用轮胎花纹深度尺在各轮胎的胎冠磨损程度最严重的部位检测(图4-27、图4-28)。

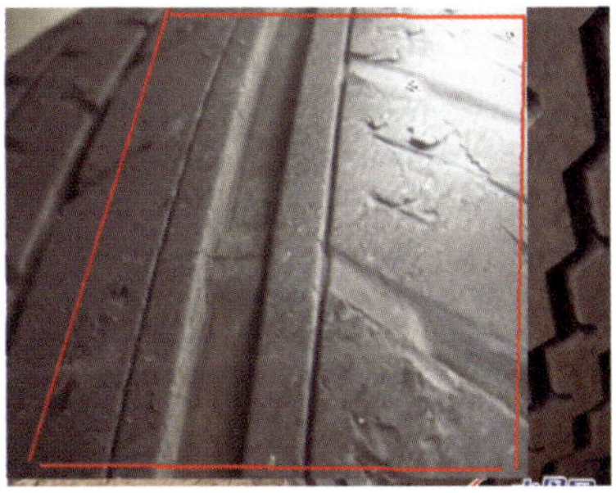

图4-27　磨损程度最严重的部位

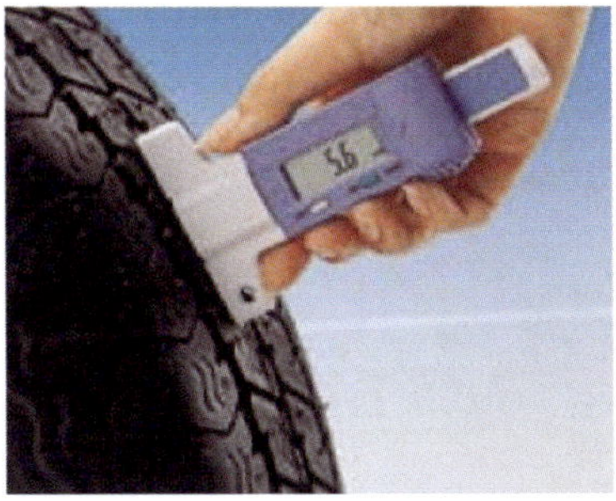

图4-28　检测轮胎花纹深度

【常识】　轮胎花纹的主要作用就是增加胎面与路面间的摩擦力,以防止车轮打滑,这与鞋底花纹的作用如出一辙。轮胎花纹提高了胎面接地弹性,在胎面和路面间切向力(如驱动力、制动力和横向力)的作用下,花纹块能产生较大的切向弹性变形。切向力增加,切向变形随之增大,接触面的“摩擦作用”也就随之增强,进而抑制了胎面与路面打滑或打滑趋势,使得与轮胎和路面间摩擦性能有关的汽车性能——动力性、制动性、转向操纵性和行驶安全性的正常发挥有了可靠的保障。

一般而言,轮胎使用磨损存在两个拐点:一是轮胎花纹深度磨损到3.0mm,此时轮胎制动能力和防滑能力开始下降,特别是雨天操控感觉尤其明显;二是轮胎花纹深度磨损到1.6mm,此时轮胎的制动、驱动、防滑能力呈直线下降,严重降低,在湿滑路面上使用磨损的轮胎,胎面花纹无法将轮胎下方的积水排出,将发生“水漂”现象,导致车辆失控。因此,花纹深度以及磨损应控制在安全范围内。

对于转向轮,保持轮胎的花纹深度更为重要,鉴于此,《机动车运行安全技术条件》(GB 7258—2012)、《营运车辆综合性能要求和检验方法》(GB 18565)对转向轮花纹深度的要求明显高于非转向轮。

图4-29　轮胎的磨损标志

每款轮胎在胎面花纹沟所剩深度1.6mm位置有磨耗指示标志(图4-29),沿着胎壁上的三角标志,可以在胎冠的花纹里找到磨损标志。如果胎面橡胶花纹块磨损到与这些突起的标记一样的高度,必须马上更换轮胎。各国对在用车辆轮胎花纹深度磨损极限的要求不尽相同,我国对轮胎花纹深度要求应是比较严格的,见表4-6。

轮胎花纹深度磨损极限(mm)　　表4-6

国　家	车　型		
	乘用车	客车	货车
美国	≥1.6	≥2.0	≥2.0
欧洲	≥1.0	≥2.0	≥2.0
日本	≥1.6	≥3.2	≥3.2

4.6.3　轮胎规格和花纹

目视检查轮胎规格和花纹,同轴两侧轮胎规格、花纹应一致。

【释义】　例检人员巡视检查同轴两侧轮胎的规格和花纹。

【常识1】　汽车依靠轮胎支承在路面上,而直接与路面接触的却是轮胎花纹。轮胎不仅承载、滚动,而且通过其花纹块与路面产生的摩擦力,成为汽车驱动、制动和转向的动力之源。

就制动而言,机动车制动性能的优劣以及制动力的大小不但取决于制动器的能力,同时也与轮胎与地面附着系数的大小密切相关,附着系数越大,车轮产生的制动力越大,反之,车轮产生的制动力就小。同轴两侧轮胎规格或花纹不同,对车辆行驶的影响主要体现在对动力分配均衡和制动稳定性上,尤其在高速急制动时,同轴两侧不同规格或花纹的轮胎(特别是转向轮)与地面的接触面积不同,附着系数也不一致,制动时,将导致左、右车轮制动力过程差过大(图4-30),从而使车辆制动跑偏。

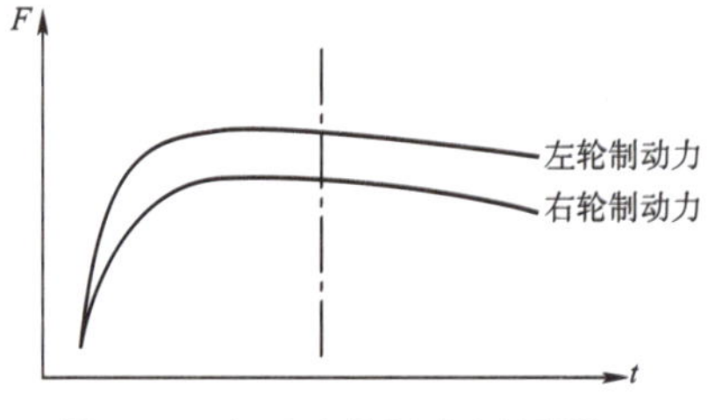

图4-30　左、右车轮制动力过程差

台架检验制动稳定性的评价指标是制动不平衡率(%),《机动车运行安全技术条件》(GB 7258—2012)规定:前轴(转向轴)≤24%,后轴、其他轴≤30%或10%(对于后轴、其他轴,当轴制动率大于等于60%时,不平衡率不大于30%;当轴制动率小于60%时,不平衡率不大于10%)。

【常识2】 关于翻新轮胎

(1)翻新轮胎的使用规定

《机动车运行安全技术条件》(GB 7258—2012)对翻新轮胎的使用要求:公路客车、旅游客车和小车的所有车轮及其他机动车的转向轮不得装用翻新的轮胎;其他车轮如使用翻新的轮胎,应符合相关标准的规定。

《营运车辆综合性能要求和检验方法》(GB 18565)对翻新轮胎的使用也有类似的规定。

图4-31 轮胎翻新

对于汽车轮胎,国际上通常采用“先翻新,后报废”的做法。客车新胎使用1~2年后,其轮胎的花纹就会出现不同程度的磨损,但其胎体还是完好的,此时可收回轮胎对其进行翻新(图4-31)。在使用、保养良好的条件下,一条轮胎可以翻新多次,其中尼龙帘线轮胎可翻新2~3次,钢丝子午线轮胎可翻新3~6次。每翻新一次,可重新获得相当于新轮胎60%~90%的使用寿命,平均里程为5万~7万公里。通过多次翻新,可使轮胎的总寿命延长1~2倍。翻新一条废旧轮胎与生产一条新轮胎相比(以9.00R20为例),可节约橡胶9千克、炭黑4千克、钢丝帘布3.4千克、石油18千克、钢材1.75千克,所消耗资源的价值相当于生产一条新轮胎的15%~30%,价格为新轮胎的20%~50%。针对我国有关翻新轮胎的使用规定,目前还存在不同的看法和争议,主要是从节约资源、提倡环保和构建循环经济的角度提出的。应该指出的是,轮胎翻新,循环利用是有利于环保的最切实可行的方法,但没有按照标准生产和严格检验的翻新轮胎,存在严重的安全隐患。

(2)翻新轮胎的识别方法

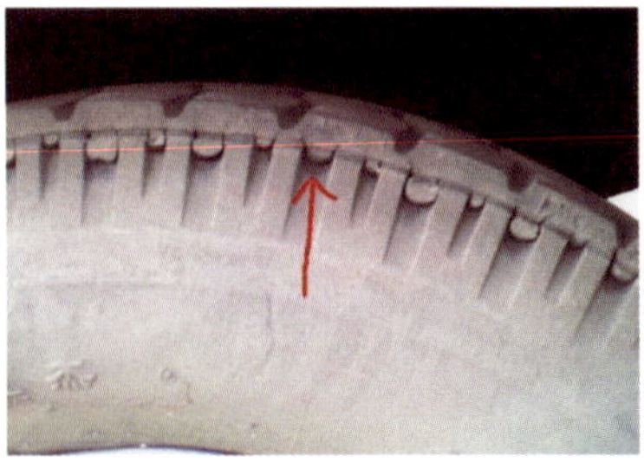

图4-32 顶翻胎翻新痕迹

正规翻新胎按翻新部位分为顶翻、肩翻和全翻;按翻新工艺分为冷翻和热翻两种。顶翻胎,图4-32箭头所指是翻新痕迹;图4-33画圈的部位是肩翻胎翻新痕迹;全翻胎已经很少见了,最难鉴别的就是这一种。图4-34中画圈的部位一般是全翻胎的痕迹所在,只要用钥匙或起子一类的钝物稍稍刮擦就可以看出来。

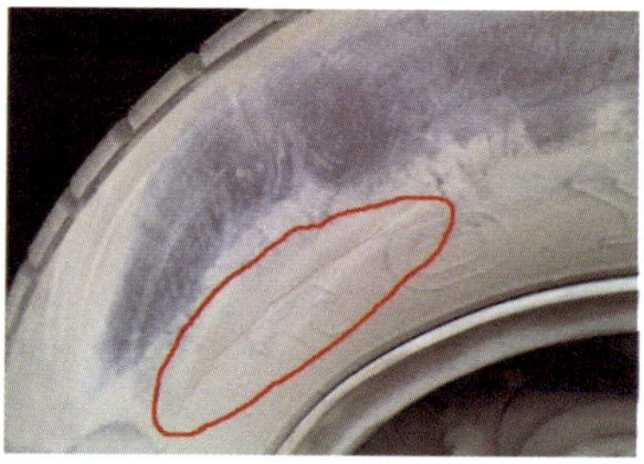

图 4-33　肩翻胎翻新痕迹

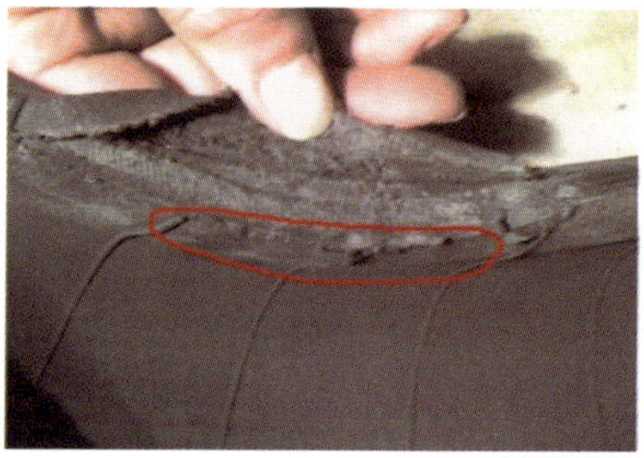

图 4-34　全翻胎的翻新痕迹

4.6.4　轮胎气压

巡视检查各轮胎充气状况,必要时用气压表测量轮胎气压,轮胎气压符合要求。

【释义】　例检人员借助检验锤巡视并敲击所有轮胎,以声音和手感判断各轮胎气压是否在规定值范围内,除声音判断外,也可同时观察各轮胎的着地面积。当对轮胎气压存在质疑时,可采用轮胎气压表进行测量(图 4-35)。

【常识 1】　有人将轮胎比喻人穿的鞋,这未尝不可,不过未听说过鞋底出现爆裂会出人命的故事,而轮胎爆裂导致车毁人亡的消息则是时有所闻。据公安部统计,国内高速公路上发生的重大交通事故约 70% 是由于爆胎引起的,在美国这一比例更高达 80%。从这一角度看,轮胎对车辆的重要性远远超过鞋对人的重要性,汽车爆胎造成的严重后果引起了人们对轮胎安全的高度重视,也促使人们对事故原因及预防措施进行深入研究。

图 4-35　测量轮胎气压

在出行前,人们往往仅对发动机、制动、转向、灯光等进行检查及维护,却忽视了对轮胎的检查和维护,这样做给行车安全埋下了一定的隐患。各汽车制造厂对轮胎气压都有特别的规定,气压过高则使车身质量集中在胎面中心上,导致胎面中心快速磨耗,受外力冲击时,容易产生外伤甚至爆破胎面;张力过大,造成胎面脱层及胎面沟底龟裂;轮胎抓地力减小,制动性能降低;车辆跳动,舒适性降低,车辆悬架系统容易损坏。而轮胎气压不足会导致轮胎过热。低压使轮胎的接地面积不均匀,胎面或帘布层脱层、胎面沟槽及胎肩龟裂,帘线断裂,胎肩部位快速磨耗，缩短轮胎的使用寿命，同时增大胎唇与轮辋之间的异常摩擦，引起胎唇损伤，或轮胎与轮辋脱离，甚至爆胎，还会增加滚动阻力、加大油耗，而且影响车辆的操控，严重时甚至引发交通事故。通常在高速公路行驶时，轮胎气压应提高10%，以减少因屈挠而产生的热量，从而提高行车的安全保障。此外，当一侧轮胎压力过低时，行车、制动过程中车辆就会向这一侧跑偏。同时也要注意，同一车轴上的两条轮胎应是花纹规格完全相同的，不同厂家、不同花纹的轮胎不可同时用于两前轮，否则也会出现跑偏现象。

【常识2】 相关技术标准对轮胎的要求：

（1）轮胎的胎冠、胎壁不得有长度超过25mm或深度足以暴露出帘布层的破裂和割伤以及凸起、变形、异物刺入等影响使用的缺陷，并装轮胎间应无异物嵌入。

（2）具有磨损标志的轮胎，胎冠的磨损不得触及磨损标志；无磨损标志或标志不清的轮胎，乘用车和挂车的胎冠花纹深度应不小于1.6mm；其他车型的转向轮的胎冠花纹深度应不小于3.2mm，其余轮胎胎纹深度应不小于1.6mm。

（3）同轴轮胎的规格和花纹应相同，规格符合整车制造厂的规定。

（4）装用轮胎的速度级别应不低于车辆最高设计车速的要求。

（5）轮胎负荷不应超过其额定负荷，轮胎的充气压力应符合规定值。

（6）设计车速大于100km/h的车辆，乘用车轮胎动不平衡质量不大于5g，其他车辆不大于15g。

（7）客车和危险货物运输车的所有车轮不得装用翻新的轮胎，货车的转向轮不得装用翻新的轮胎，其他车轮如使用翻新的轮胎，应符合相关标准的规定。

（8）车长大于9m的客车、旅游客车和危险货物运输车应装用子午线轮胎，卧铺客车应装用无内胎子午线轮胎。

（9）备用轮胎应固定牢固，并符合上述规定。

4.6.5　轮胎及半轴螺栓、螺母

巡视检查各轮胎螺栓、螺母以及可视的半轴螺栓。各轮胎及半轴的螺栓、螺母应齐全、完好，紧固可靠。

【释义】 例检人员巡视检查各轮胎螺栓、螺母的齐全性、完好性。借助检验锤敲击疑似松动、断损螺栓。

相对于轮胎螺栓螺母,驱动轮半轴螺栓螺母对于行车安全同等重要。对于车轮未安装装饰罩的可视的半轴螺栓,应进行检查。

目前,相当多的营运客车出于美观的需要,在轮辋和轮胎螺母上加装装饰罩(帽),使得无法直接观察轮胎螺栓、螺母的技术状况,从便于驾驶人日常维护和安全例检,确保行车安全的角度出发,建议对其进行摘取。

【常识1】 在汽车维修中,经常发现半轴螺栓松动、断损,其原因多为:维修装配时没按操作要领进行,随意安装,紧固不牢,由于车轮的驱动力全靠半轴螺栓承受,若有螺栓与螺孔不同心,则这个力只能由其他螺栓承受,极易将半轴螺栓切断;一些驾驶人喜欢开快车和紧急制动,尤其重载起步与换挡时猛抬离合器,从而给半轴螺栓增加了一个附加的剪切力,而将其剪切断损。

图 4-36 轮胎螺栓残缺不全

2012 年 2 月 28 日上午 11 时 30 分,某长途汽车站例检人员在对进站经营的赣 E27 * * * 金旅牌客车进行例行检查时,及时查出一项重大安全隐患:右前轮 8 颗轮胎固定螺栓竟只剩下 4 颗,其余 4 颗不仅螺母没有,螺栓也全部断落(图 4-36)。

【常识2】 汽车半轴检修时要做好标记,装配时要按标记装复。汽车运行中换挡要平稳;尤其起步、坡道变速要按规范进行,即起步换挡要做到"快"、"停"、"慢"的动作,避免一脚将离合器抬完。换挡时要掌握时机,避免"前冲后坐";坚持中速行驶、尽量少用紧急制动;经常检查,注意紧固维护。

【事故案例】

案例1 2007 年 4 月 13 日 14:20 时,河南省某运输集团有限公司(挂靠在山西太原某旅行社有限公司)驾驶人李某驾驶豫 PA×××× 号大型客车,乘载 55 人(核载 55 人),从山西省太原市驶往南京旅游,当行驶至商亳(河南商丘至安徽亳州)高速公路虞城县段西半幅 40 公里 300 米处时,因右侧前轮突然爆胎,方向失控,致使客车与公路右侧护栏相撞后,仰翻至高速公路西侧边沟内,造成 11 人死亡、18 人受伤。图 4-37 为该起事故的现场。

事故原因 客车右前轮胎在行驶中爆胎。

案例2 2008 年 9 月 4 日 0:18 时,福建莆田城厢中旅交通运输有限公司驾驶人林某驾驶闽 BY8006 号安凯牌大型双层卧铺客车，乘载 46 人（含 1 名儿童，核载 44 人），由福建莆田驶往浙江义乌，当行至浙江省金丽温高速公路丽水段俞庄隧道入口处，车辆左前侧与中央波形防撞护栏相撞，导致左前轮爆胎并前冲撞坏 30 米护栏后，与隧道口中间挡墙碰撞，车身左侧从中间被挡墙边缘切割至左后轮部位，造成 10 人死亡、36 人受伤。图 4-38 为该起事故损伤严重的卧铺客车。

图 4-37　事故现场

图 4-38　事故中损伤严重的卧铺客车

事故原因　前轮左右轮胎型号花纹不匹配，不符合标准要求。

案例 3　2012 年 2 月 5 日下午 4 时，福建南惠高速惠安段产生惨烈一幕——一辆载有祖孙三代一家 6 口的小轿车，突然撞向路中绿化带的防护栏，小轿车被护栏斜劈成两半，5 人当场死亡，其中包含年仅 13 岁跟 6 岁的小姐弟。图 4-39 为该起事故现场。

图 4-39　事故现场

事故原因　突然爆胎。

案例统计　2006 年上半年浙江高速公路上 500 起翻车事故导致 23 人死亡，其中有 123 起是因轮胎爆破引起的。

4.7 悬架系统

目视检视悬架的弹性元件,应安装牢固,无断裂、塑性变形等异常情况。检查空气弹簧的气密性,应无泄漏。

目视检查钢板弹簧的U形螺栓螺母、吊耳销(套)、锁销等部件,U形螺栓螺母应齐全、紧固,吊耳销(套)、锁销应齐全、无断裂和松旷,钢板弹簧无断裂和松旷。

【释义】 在地沟内,例检人员目视检查空气弹簧外观有无损伤,并采用检验锤敲击空气弹簧,以声音和手感判断气密性是否良好。对于钢板弹簧,目视检查弹性元件有无断裂、塑性变形以及U形螺栓、螺母、吊耳销(套)、锁销等部件是否齐全,并采用检验锤敲击U形螺栓螺母,检查其有无松动。

【常识】 悬架故障的危害主要表现在:行驶中轮胎接地力减少,甚至不与地面接触,导致方向“发飘”,特别是曲线行驶难以控制并可能导致制动跑偏或侧滑现象;车身振颤、车轮轴承、轴头、转向拉杆、稳定杆等部件过载;车身不“周正”,两侧对称部位高度差增大。

悬架采用的弹性元件有钢板弹簧、螺旋弹簧、扭杆弹簧、空气弹簧、油气弹簧、橡胶弹簧等。

(1)钢板弹簧

钢板弹簧(图4-40)又叫叶片弹簧,它是由若干不等长的合金弹簧片叠加在一起组合成一根近似等强度的梁。钢板弹簧的第一片(最长的一片)称为主片,其两端弯成卷耳,内装衬套,用弹簧销与固定在车架上的支架或吊耳作铰链连接。钢板弹簧的中间用U形螺栓与车桥固定。

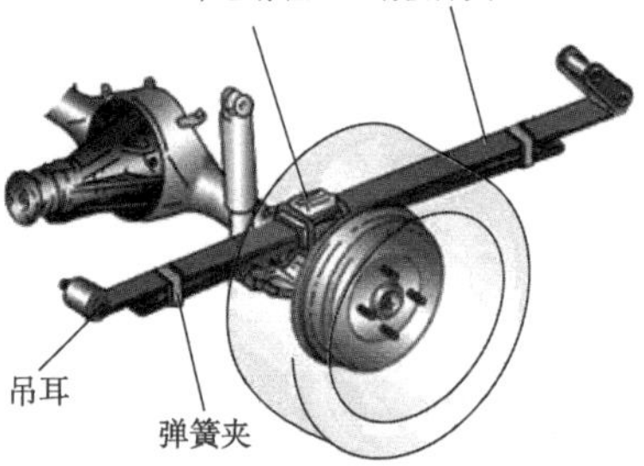

图4-40 钢板弹簧

中心螺栓用来连接各弹簧片,并保证各片装配时的相对位置。中心螺栓到两端卷耳中心的距离可以相等,也可以不相等。为了增加主片卷耳的强度,将第二片末端也弯成半卷耳,包在主片卷耳和外面,且留有较大的间隙,使得弹簧在变形时,各片间有相对滑动的可能。钢板弹簧在载荷作用下变形,各片之间因相对滑动而产生摩擦,可促使车架的振动衰减。各片间的干摩擦,车轮将所受冲击力传递给车架,且增大了各片的磨损。所以在装合时,各片间涂上较稠的润滑剂(石墨润滑脂),并应定期保养。

重要检查点：钢板弹簧、U 形螺栓及螺母。

(2)气体弹簧

气体弹簧主要有空气弹簧(图 4-41)和油气弹簧(图 4-42)两种。空气弹簧是以空气做弹性介质，即在一个密闭的容器内装入压缩空气(气压为 0.5MPa ~ 1MPa)，利用气体的可压缩性实现弹簧的作用。随着载荷的增加，容器内压缩空气压力升高，使其弹簧刚度也随之增加，载荷减少，弹簧压力也随空气压力减少而下降，因而这种弹簧有其理想的弹性特性。空气弹簧在大型客车和高档轿车上，尤其在主动悬架中被广泛采用。

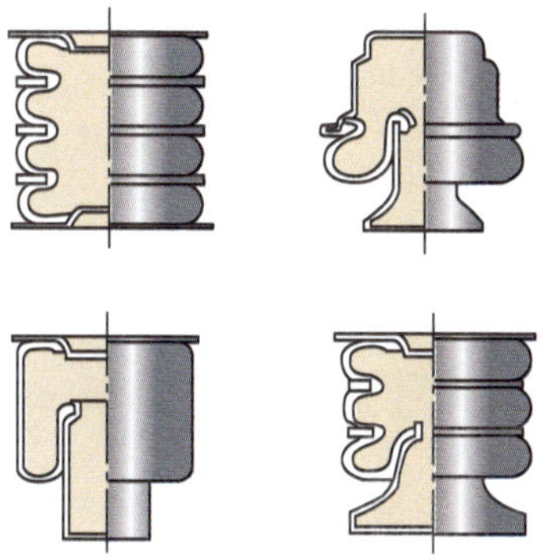

图 4-41　空气弹簧

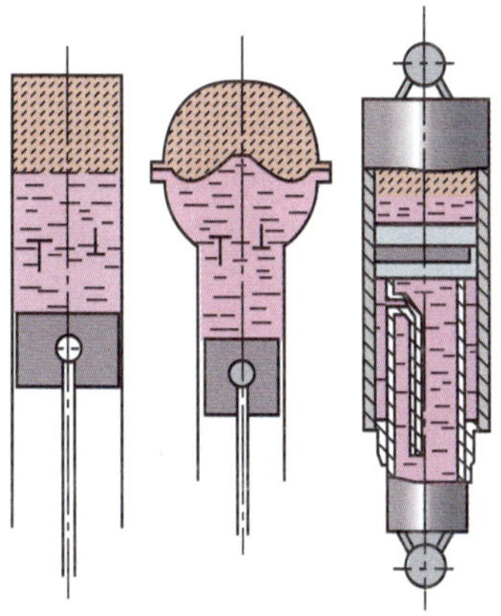

图 4-42　油气弹簧

空气弹簧分为囊式和膜式。囊式空气弹簧由夹有帘线的橡胶组成的气囊和密闭在其中的压缩空气构成。气囊外展由耐油橡胶制成单节或多节，节数越多弹簧越软，节与节之间围有钢质腰环，防止两节之间摩擦。气囊上下盖板将空气封于室内。膜式空气弹簧由橡胶模片和金属压制件组成。它比囊式空气弹簧的弹性曲线更为理想，固有频率更低些，且尺寸小，便于布置因而多用于轿车上，但造价贵，寿命较短。

油气弹簧以惰性气体(氮气)作为弹性介质，用油液作为传力介质。油气弹簧类型有不带隔膜的简单式油气弹簧和带隔膜式油气弹簧，其中隔膜式油气弹簧将气体和液体分开，便于充气并防油液乳化。图 4-42 所示是带反压气室式油气弹簧，它有一个反压气室，相当于在简单油气弹簧上加上一个方向相反的小筒单油气弹簧，用以提高空载时弹簧刚度，使空气和油气弹簧用在悬架中，由于它们只能承受轴向载荷，因此，悬架中必须加设导向机构和减振器。目前此种弹簧多用于重型车和部分小客车上。

检查要点：气体弹簧的外观状况及气密性。

(3) 扭杆弹簧

扭杆弹簧(图4-43)总成用铬钒合金弹簧钢制成，它的表面经过加工很光滑。通常为保护扭杆表面，在其上涂有环氧树脂，并包一层玻璃纤维，再涂一层环氧树脂，最后涂上沥青和防锈油漆，以防磨蚀和损坏表面，从而提高扭杆弹簧的使用寿命。扭杆弹簧是一根由弹簧钢制的扭杆。扭杆断面常为圆形，少数是矩形或管形，扭杆一端固定在车架上，另一端上的摆臂与车轮相连。当车轮跳动时，摆臂便绕着扭杆轴线摆动，使扭杆产生扭转弹性变形，以保证车轮与车架的弹性连接。

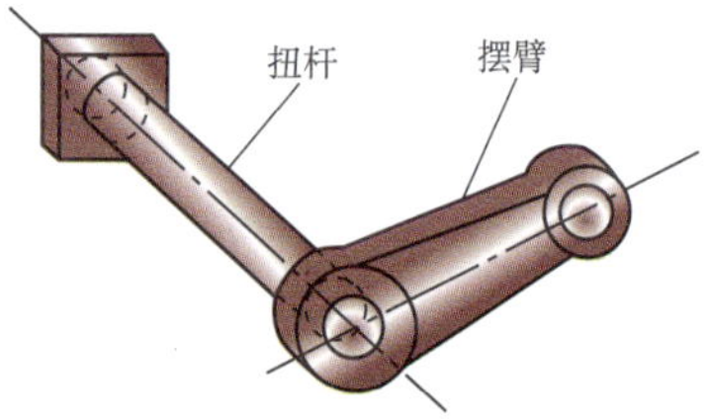

图4-43 扭杆弹簧

扭杆弹簧在制造时，经热处理后施加一定的扭转力矩载荷，使它有一个永久变形，而具有一定的预应力，这样可以在实际工作中减小工作时的实际应力，有利于延长扭杆弹簧的寿命。但应注意左右扭杆由于施加应力有方向性，装在车上后承受工作载荷时扭转的方向应与所预加在扭杆上的扭转方向相一致，因而左右扭杆做有标记，安装时应加以注意。采用扭杆弹簧做弹性元件的悬架要设导向机构和减振器。扭杆弹簧与钢板弹簧相比质量轻，而且不需润滑，保养维修简便。扭杆弹簧在客车上的应用较为少见。

(4)螺旋弹簧

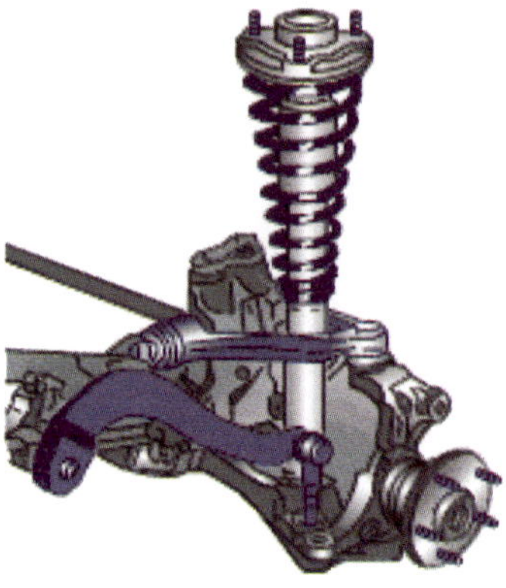
图4-44 螺旋弹簧

螺旋弹簧(图4-44)是用弹簧钢钢棒料卷制而成，它们有刚度不变的圆柱形螺旋弹簧和刚度可变的圆锥形螺旋弹簧。

螺旋弹簧大多应用在独立悬架上，尤以前轮独立悬架采用广泛。有些轿车后轮非独立悬架也有采用螺旋弹簧作弹性元件的。由于螺旋弹簧只承受垂直载荷，它用做弹性元件的悬架要加设导向机构和减振器。它与钢板弹簧相比具有不需润滑，防污性强，占用纵向空间小，弹簧本身质量小的特点，因而现代轿车上广泛采用。

4.8　安全设施

4.8.1　车门应急开关

目视检查动力启闭车门的车内应急开关，应急开关的标识、机件应齐全、完好。当对应急开关的技术状况有质疑时，应进行启闭检查。

【释义】　例检人员上车，目视检查车内、外应急开关的标识以及机件（图4-45），如扭柄是否完好，有无脱落，螺丝是否松动，必要时不定期地对车内应急开关进行功能性检查（图4-46）。

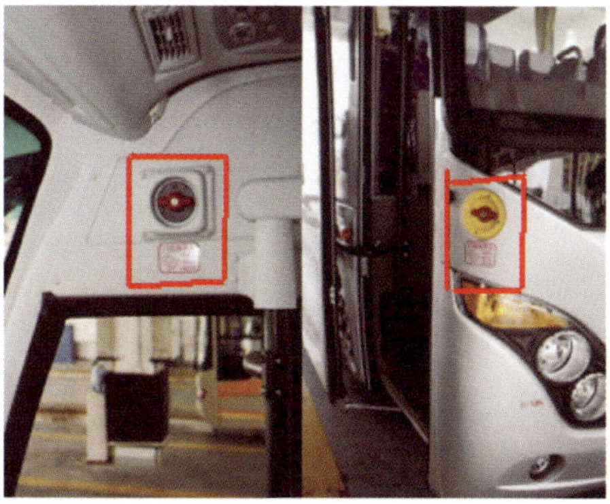

图4-45　车内、外车门应急开关

图4-46　车门应急开关功能性检查

【常识】　采用气压制动的客车车门控制系统几乎全部选用气动控制模式，其优点在于：如车辆发生故障，在车辆气路气压正常时，可以通过气动开关控制车门的开闭；气路工作不正常时，可通过应急开关将气泵内的压缩空气释放，再用人工方式把门推开，便于乘客在车辆发生事故时安全有效地疏散。由于车辆的设计、配置不尽相同，因此应急开关的布置形式也不完全相同，动力启闭车门的应急开关一般设置在车门附近，车内、外各有一个。

目前，虽然城市公交和客运车辆按照要求设置了车门应急开启开关，但开关失效问题时有发生。由于正常情况下很少使用，应急开关的技术性能是否良好较难断定。此外，应急开关没有醒目的提示语，也没有标名该装置的使用方法，这一问题较为突出。调研发现，十名乘客中，其中八名均表示不知该装置的作用和操作方法。

2009年6月6日，成都公交车大火造成重大人员伤亡，除了封闭式车窗乘客疏散困难以外，车门无法打开也是造成乘客不能及时逃生的原因。

4.8.2　安全顶窗

目视检查安全顶窗,安全顶窗机件应齐全、完好。当对安全顶窗的功能有质疑时,应进行启闭检查。

【释义】　例检人员上车,目视检查安全顶窗的机件,必要时不定期地对安全顶窗进行功能性检查。

【常识】　由于客车上乘坐的人员多,一旦发生碰撞、侧翻及落水等交通事故及失火时,众多乘客应在最短时间并以最便捷的方法和途径逃出客车,这是防止事故(或二次事故)造成再次伤亡的重要要求之一。近年来,对客车结构安全性能的要求,已引起我国有关部门的重视与关注。1995 年,全国汽车标准化技术委员会客车分技术委员会组织制定了强制性国家标准《客车结构安全要求》(GB 13094),等效采用了联合国欧洲经济委员会(ECE)36 号法规的修改版,对客车结构安全作出了必要的强制规定。该标准发布实施后,要求客车新产品必须符合该标准的规定。其中,在车长为 6m 以上客车所具有安全出口最少数量的规定中,明确安全出口包含应急门(图 4-47)、安全侧窗、安全后窗及安全顶窗(图 4-48)4 种结构,并将安全顶窗规定为必备的安全出口之一。

图 4-47　客车应急门和安全后窗

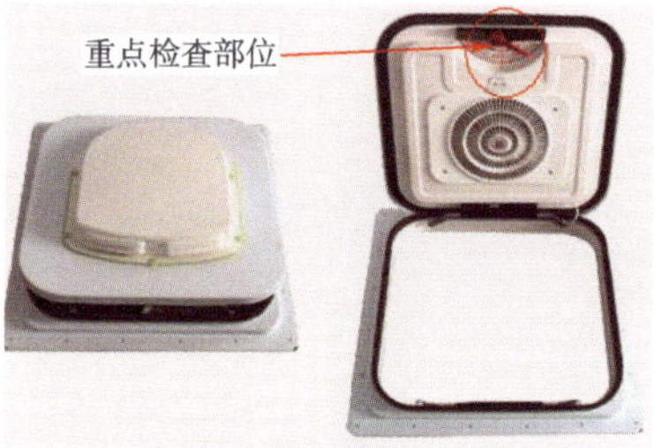

图 4-48　车辆安全顶窗检查部位

4.8.3　安全锤

目视检查封闭式客车的应急窗,应配备安全锤并在规定的位置放置。

【释义】　例检人员上车目视检查应急窗是否按规定配备安全锤(图 4-49),并检查其放置位置。按要求,安全锤应挂在车窗旁,并在旁边贴上提示语:“紧急时敲碎玻璃逃生”。

【常识】　应急窗分为采用安全玻璃的应急窗和侧开式应急窗。采用安全玻璃应急窗的客车一般是封闭式客车,该检查项目针对采用安全玻璃应急窗的客车。

成都公交车自燃事故发生后,血的教训提醒我们必须重视并了解一下该逃生工具。

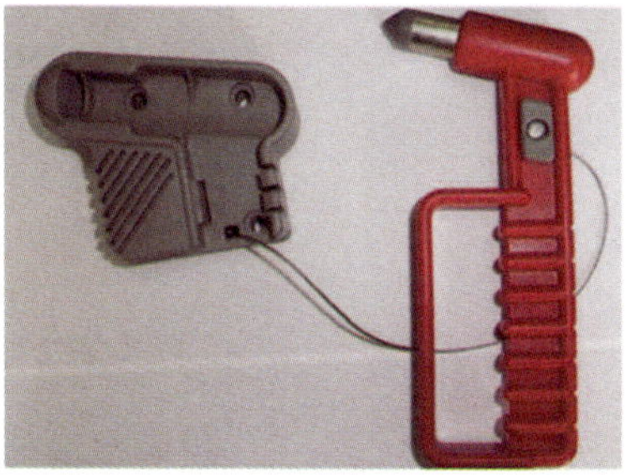
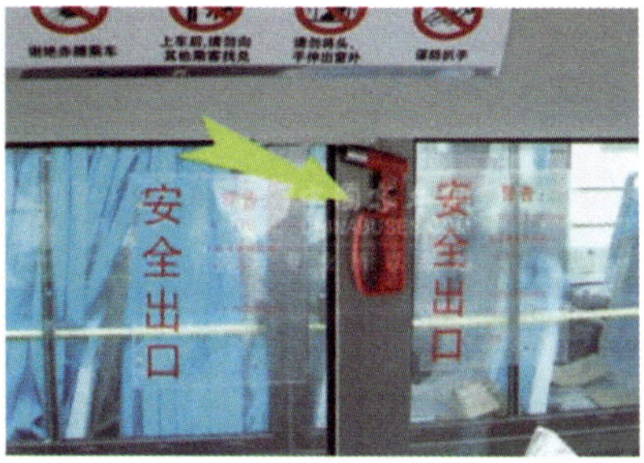

图 4-49　安全锤及其放置位置

车用应急锤由应急锤本体,固定架等组成。其特征在于应急锤本体,其尖部是硬度很强的金刚石,通过固定装置固定在固定架上,固定架安装在车内车窗附近。由于城市公交和客运车辆配备的安全锤极易丢失,而存在安全锤保存在驾驶人手中,未放置在指定位置的问题,为解决这一问题,目前市场已出现防盗安全锤。

安全锤的作用是,目前的客车车窗玻璃一般都选用硬度和强度较高的钢化玻璃,很难用拳头或脚打破,出现紧急情况时乘客难以破窗逃生。因此,现在客车特别是封闭车厢两侧一般都配备数把安全锤(具体数量根据客车长度确定)。汽车发生意外时,比如,汽车侧翻、起火、坠河等,车辆的门窗不能正常开启或乘客需要快速疏散的情况下,用安全锤击碎玻璃逃生。

图 4-50　安全锤砸碎车窗的方法

安全锤的使用方法是,敲碎密闭玻璃窗的至少两个角,如左上和左下角的玻璃,时间允许就敲四个角(图 4-50),然后用脚踢向边缘破裂的玻璃窗的中央,或者就用小锤子击打正中央,就能使这块玻璃彻底瓦解。直接敲车窗正中间是不科学的,因为这样,即使敲碎了玻璃,但破洞周围没有断裂的玻璃,还很可能使人员受到伤害。

4.8.4　灭火器

目视检查灭火器,应随车配备。

【**释义**】　例检人员上车,目视检查是否随车配备灭火器。

检查发现,部分车辆存在以下问题:一是未配置灭火器,二是灭火器压力不足、未实施年检或超出有效期,三是灭火器放置位置不统一,不便于取用。当营运客车存在上述问题时,例检人员应对驾驶人进行告知。

【常识】 《机动车运行安全技术条件》(GB 7258—2012)规定:客车应装备灭火器,灭火器在车上应安装牢靠并便于取用。仅有一个灭火器时,应设置在驾驶人附近;当有多个灭火器时,应在客厢内按前、后或前、中、后分布(图4-51),其中一个应靠近驾驶人座椅。

当车内出现火灾,在不危及生命,且乘客已经全部安全转移的前提下,驾驶人及志愿者可用车内的灭火器进行灭火(图4-52所示)。车内灭火方法如下:

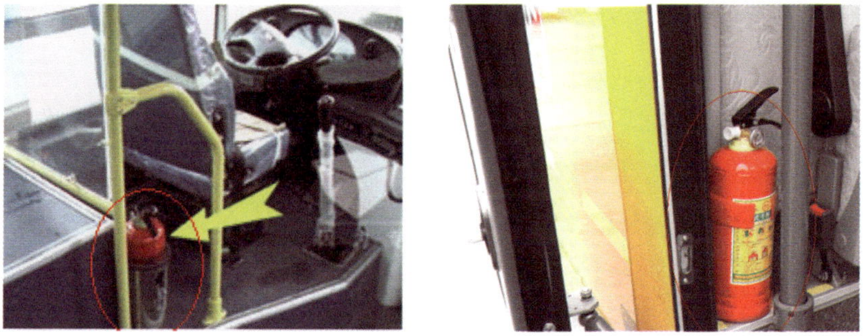

图4-51 客车内灭火器及其放置位置

(1)使用手提式干粉灭火器时,应手提灭火器的提把,迅速赶到着火处。

(2)在距离起火点5米左右处,放下灭火器。

(3)使用前,先把灭火器上下颠倒几次,使筒内干粉松动。

(4)使用内装式或贮压式干粉灭火器时,应先拔下保险销,一只手握住喷嘴,另一只手用力压下压把,干粉便会从喷嘴喷射出来。

图4-52 用灭火器灭火

(5)用干粉灭火器扑救流散液体火灾时,应从火焰侧面,对准火焰根部喷射,并由近而远,左右扫射,快速推进,直至把火焰全部扑灭。

(6)用干粉灭火器扑救容器内可燃液体火灾时,亦应从火焰侧面对准火焰根部,左右扫射。当火焰被赶出容器时,应迅速向前,将余火全部扑灭。灭火时应注意不要把喷嘴直接对准液面喷射,以防干粉气流的冲击力使油液飞溅,引起火势扩大。

(7)用干粉灭火器扑救固体物质火灾时,应使灭火器嘴对准燃烧最猛烈处,左右扫射，并应尽量使干粉灭火剂均匀地喷洒在燃烧物的表面，直至把火全部扑灭。

（8）使用干粉灭火器应注意灭火过程中应始终保持直立状态，不得横卧或颠倒使用，否则不能喷粉；同时注意干粉灭火器灭火后应防止复燃，因为干粉灭火器的冷却作用甚微，在着火点存在着炽热物的条件下，灭火后易产生复燃。

4.9　摄像头

目视检查车内摄像头，摄像头的拍摄方向应符合规定且无遮挡。

【释义】　例检人员上车目视检查摄像头的拍摄方向，有无遮挡物。

【常识1】　摄像头是卫星定位系统车载终端的外部设备之一。带有摄像头的营运客车从客运站开出后，通过监控视频录像，客运场站后方人员可查看到车辆线路、车速、驾驶人、服务和车厢内乘客等情况，并对超员超载情况进行监管。此外，还可有效地震慑客车上的犯罪行为。

通常情况下，营运客车的车载终端至少接有3个摄像头，其拍摄方向分别对准驾驶人、乘客门和车厢内部（图4-53），有的车辆还增加一个摄像头对准车头前方。

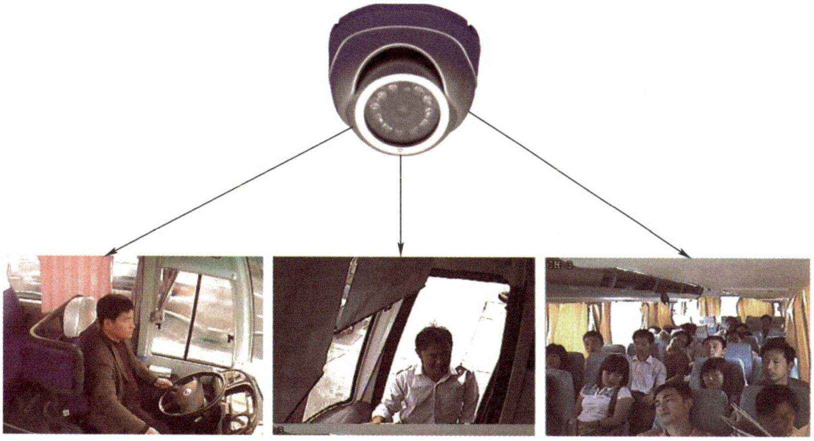

图4-53　营运客车上的摄像头

图4-54　卫星定位

卫星定位系统车载终端是实现全国营运车辆联网联控系统的重要组成部分（图4-54），是由卫星（GPS、北斗）/GPRS车载定位、汽车行驶车载终端（图4-55）和一些附件（图4-56）组成的一体化设备，同时具有卫星定位和行驶记录的功能。车载终端能够记录、存储、显示和打印车辆行驶速度、时间、里程以及驾驶人身份识别、车辆实时监控、事故信息记录和回传、远程故障诊断、远程支持和救援等有关信息。该装置的应用有助于加强道路运输安全管理和运输车辆动态监管工作,预防和减少道路交通运输事故的发生,保证行车安全,同时也有助于提高企业车辆管理水平,提高企业效益。道路运输车辆卫星定位系统车载终端动态监控系统的组成如图 4-57 所示。

图 4-55　车辆卫星定位系统车载终端

图 4-56　车辆卫星定位系统附件

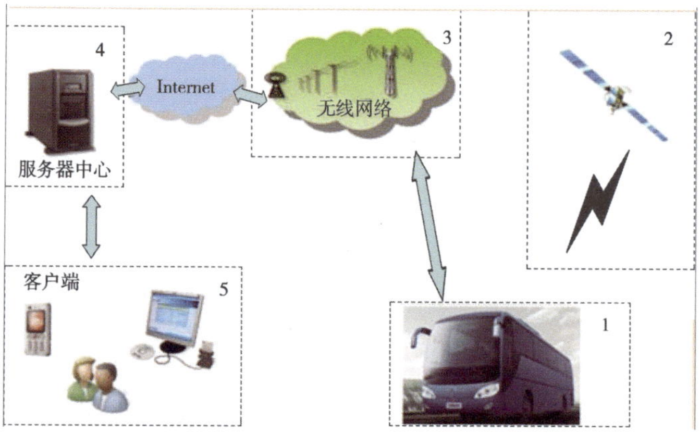

图 4-57　道路运输车辆卫星定位系统车载终端动态监控系统的组成

1-安装在客车上车载终端;2-GPS 卫星定位系统;3-无线网络,可以为 GPRS、GSM 或 3G;4-基地信息接收和处理中心;5-客车用户监控和管理客户端

用于客车、货车和危险品运输车的车载终端的功能、技术要求应符合《道路运输车辆卫星定位系统车载终端技术要求》(JT/T 794—2011)的规定。根据交通运输部《关于加强道路运输车辆动态监管工作的通知》(交运发〔2011〕80 号)以及《关于认真贯彻〈道路运输车辆卫星定位系统平台技术要求〉和〈道路运输车辆卫星定位系统车载终端技术要求〉两项标准的通知》(交运发〔2011〕158 号)的有关规定,对“两客一危”(三类班线以上客车、旅游客车、危险品运输车)车载终端进行标准符合性审查,并对合格产品以公告形式予以发布。

【常识 2】 车载终端自检

按照《道路运输车辆卫星定位系统车载终端技术要求》(JT/T 794—2011)要求,车载终端应具有自检功能。其检验方法是:插入 IC 卡或以按键方式启动卫星定位系统车载终端进行自检,通过信号灯或显示屏观察卫星定位及通信模块工作状态、主电源状态、卫星天线状态、与终端主机相连的摄像头等,确认卫星定位系统车载终端自检通过。

车载终端自检通过后,表明其硬件性能工作正常,在卫星信号良好的条件下,监控平台应对其可见,从而实现车辆的动态监控。

四、工艺流程

营运客车安全例行检查应在驾驶人的配合下,由 2 名安全例检人员(以下称例检人员甲、例检人员乙)进行。以发动机后置的营运客车为例,其安全例检的推荐工艺流程如图 4-58 所示。

【释义】 工艺是劳动者利用生产工具对各种原材料、半成品进行增值加工或处理,最终使之成为制成品的方法与过程。制定工艺的原则是:技术上的先进和经济上的合理。由于不同工厂的设备生产能力、精度以及工人熟练程度等因素都大不相同,所以对于同一种产品而言,不同工厂制定的工艺可能是不同的,甚至同一个工厂在不同的时期做的工艺也可能不同。可见,就某一产品而言,工艺并不是唯一的。

工艺流程图是指特定的内在逻辑先后顺序关系,建立在事物的物理模型基础之上。必要时提供这些流程中的操作者及对操作的素质要求,需要多少人力,每一个工序要花多少时间,操作要点是什么,要达到什么样的标准,用什么特殊工具,都是按流程图为基础来展开的。

在广义上,营运客车安全例行检查作业属于一个生产过程,其产品是营运客车安全例检合格性的判定结果。制定营运客车安全例行检查工艺流程的目的是通过合理的作业程序,达到较佳的作业效果和作业效率。营运客车安全例行检查的作业内容包括车身外观、车厢内部以及底盘和底盘以上的系统部件,需例检人员在受检车辆周围、上下、车内、车外进行检查,故以"双人作业"的组织形式为宜(需要驾驶人的适当配合)。《技术规范》以资料性附录的形式给出了营运客车安全例行检查的工艺流程,并经过实操验证和优化。但由于工艺的非唯一性,使得其可能存在优化的空间,故《技术规范》所列工艺流程是推荐性的,汽车客运站及运输企业可对此作进一步优化。

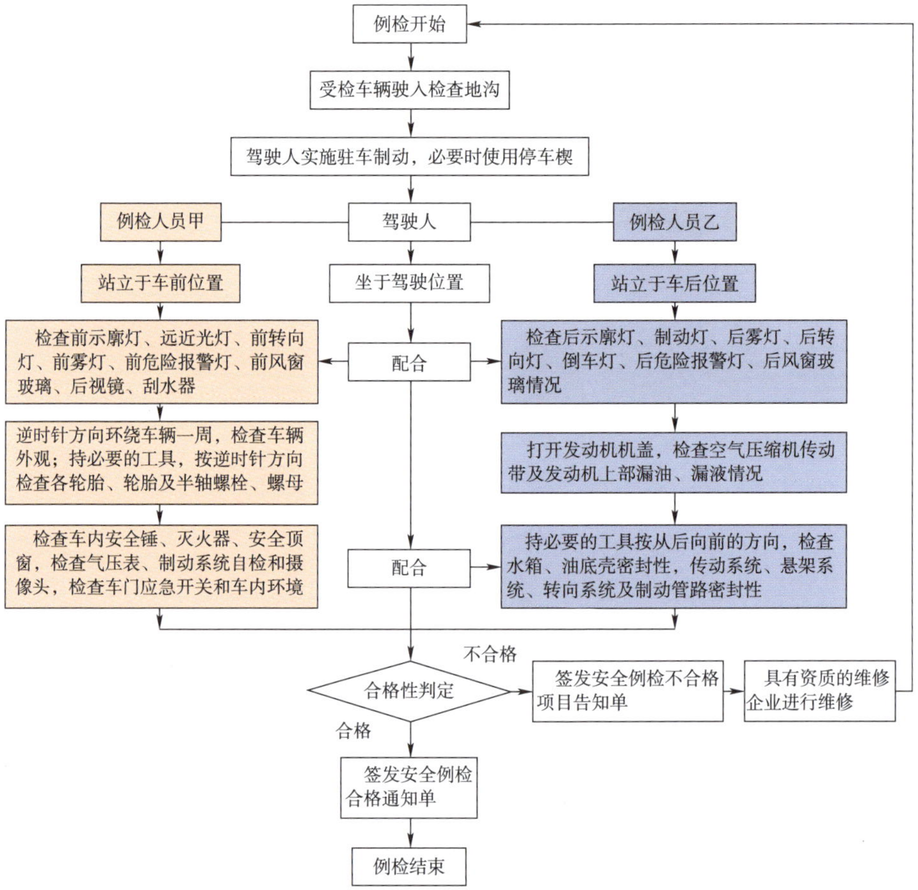

图 4-58　营运客车安全例行检查推荐工艺流程

当安全例行检查合格性判定出现不合格项时,应向驾驶人签发安全例检不合格项目告知单,驾驶人应在具有资质的维修企业对车辆进行维修并按《技术规范》规定的全部项目重新进行安全例检。安全例检过程要仔细认真,如图4-59所示。

图 4-59　安全例检

营运客车
安全例检双人作业法

车辆就位，拉紧驻车制动，
停车楔安装到位。
安全例检
风窗玻璃
转向灯
远光灯
近光灯
前雾灯
危险报警灯
刮水器
安全例检
踩制动！
制动灯
正常
示廓灯
制动灯
转向灯
后雾灯
倒车灯
危险报警灯
安全例检
后视镜
玻璃
车身
逆时针方向环
车检查外观

检查空气压缩机传动带
例检人员乙携带工具检查车轮
安全例检
外观
花纹深度
规格和花纹
螺栓和螺母
检查内侧轮胎气压

例检人员甲上车检查
安全锤
安全顶窗
灭火器
气压表
制动系统自检
摄像头检查完毕

检查车门应急开关
例检人员乙下地沟检查
安全例检
检查油底壳
和散热器
安全例检
检查
传动系统

检查
空气悬架

左右转动
转向盘!
检查
转向连接
机构

踩制动!
检查
制动系统
管路密封性

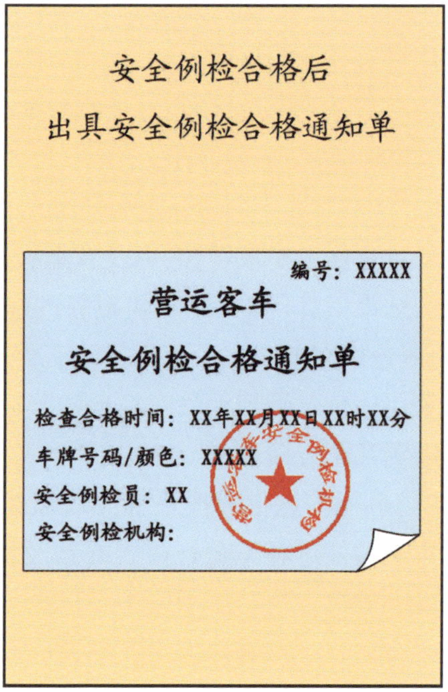
安全例检合格后
出具安全例检合格通知单
编号：XXXXX
营运客车
安全例检合格通知单
检查合格时间：XX年XX月XX日XX时XX分
车牌号码/颜色：XXXXX
安全例检员：XX
安全例检机构：

第五章　营运客车安全例行检查信息化管理

《汽车客运站营运客车安全例行检查工作规范》(以下简称《工作规范》)第二十三条规定:“客运站应逐步建立营运客车安全例行检查信息化管理系统,提高安全例检效率和质量。安全例行检查信息化管理系统应能够实现营运客车经车辆身份识别进入例检场所完成安全例检的功能。”因此,结合客运站实际情况,综合考虑未来发展趋势,构建营运客车安全例检信息化管理系统势在必行。

第一节　营运客车安全例行检查实行信息化管理的必要性

营运客车安全例行检查信息化管理系统,是依据《工作规范》和《营运客车安全例行检查技术规范》(以下简称《技术规范》)的要求和内容进行设计和编制的。通过信息化管理手段,并严格按照《工作规范》和《技术规范》的要求,贯穿、引导、记载、落实营运客车安全例行检查(以下简称安全例检)全过程,起到营运客车安全例检前一、二级维护和技术等级评定结果监控,营运客车安全例检过程作业项目及技术要求管控,以及营运客车安全例检后报班信息化联动,营运客车安全例结果信息传输、存储和报备的作用,补充和完善了客运站信息化管理系统,为营运客车的安全营运提供强有力的技术保障。

采用信息化管理手段对客运站营运客车安全例检进行管控的必要性主要体现在以下几个方面:

(1)利用信息化管理系统可以监控营运客车和营运客车驾驶人的资质,确保有资质的营运客车和有资质的营运客车驾驶人才能参与营运,把好道路旅客运输安全的第一关。由于采用了信息化管理系统,营运客车、营运客车驾驶人的相关资质信息可以实现网络共享,在进入安全例检工位时,系统读取车辆身份识别卡后可进行信息自动比对,发现不具备资质的车辆和营运客车驾驶人,系统自动提示,同时安全例检系统的 PDA 无法进入安全例检工序。

(2)利用信息化管理系统能监督、管控营运客车一、二级维护和技术等级评定的结果,督促营运客车按期到具有资质的汽车维修企业和汽车综合性能检测站进行一、二级维护作业和营运客车技术等级评定,把好营运客车技术状况关,确保营运客车安全。《工作规范》第三条规定:“安全例检是指在受检车辆进行了正常维护并检验合格的前提下,由客运站车辆安全例检人员在不拆卸零部件的条件下,借助简单的工具量具,采用人工检视的方法,对影响营运客车行车安全的可视部件技术状况所实施的例行检查。”《技术规范》第 2.1 款规定:“营运客车安全例行检查与车辆的日常维护、一级维护和二级维护为非替代关系。”从这些内容可以看出,营运客车必须按照规定进行正常维护作业。一部分客运经营者和营运客车驾驶人认为既然有了安全例检,也就没有必要进行营运车辆的正常维护了,这是极为错误的观点。因此,必须对营运车辆的一、二级维护结果进行监管。营运客车安全例行检查信息化管理系统在读取营运客车身份识别卡后,系统可以监控到该车一、二级维护是否已经超期,对于一、二级维护超期的车辆,系统自动提示,同时安全例行检查系统的 PDA 无法进入安全例检工序。这也就有效地督促了营运客车按照规定要求进行正常的车辆维护作业,确保营运客车的技术状况良好,保障旅客运输安全。

(3)利用信息化管理系统能确保营运客车安全例检工作落到实处,避免弄虚作假。该信息化系统在安全例检工位采用 PAD 引导营运客车安全例检流程,符合条件的受检车辆身份识别后,PDA 自动打开,跳出一条安全例检内容,安全例检人员对该项目进行检查确认后方可跳出下一条安全例检内容,不会出现漏项、缺项等情况,确保安全例检工作执行到位,避免了弄虚作假情况的发生。

(4)利用信息化管理系统可以严格管控安全例检合格通知单的签发,出现责任事故便于追溯。安全例检的检测结果由例检人员的输入个人密码确认,留存安全例检电子档案,从而避免了代签、冒签安全例检合格通知单的情况,在出现责任事故时便于追溯、倒查,能够最大限度地增强例检人员的责任意识,可有效确保安全例检工作不流于形式,不缺项、不漏项。

《工作规范》第二十条规定:“安全例检合格通知单在 24 小时内报班有效,安全例检合格通知单超过 24 小时的营运客车,须重新进行安全例检,合格后,方可报班”。采用信息化管理系统后，安全例检合格证的有效期自动生成，并上传到客运站信息化管理系统，作为营运客车报班的依据，有效避免相关人员修改安全例检合格证有效期的可能性，确保《工作规范》有效执行。

(5)利用信息化管理系统能实现营运客车安全例检电子档案管理。《工作规范》第二十二条规定：“安全例检机构应建立健全安全例检台账并妥善保存，保存期不少于6个月。”利用信息化管理系统对营运客车的安全例检结果进行电子档案上传备案，可以不再建立纸质档案、台账，使得管理更加科学合理。

(6)利用信息化管理系统，在进行安全例检的同时进行安全例检检测结果的记录，替代人工记录管理，可有效避免因人为因素造成的检测记录差错。

(7)利用信息化管理系统能够确保安全例检工作落到实处。《工作规范》第二十条规定：“例检人员对经检验合格的车辆签发安全例检合格通知单，作为营运客车报班发车的依据。”第六条规定：“未经安全例检或安全例检不合格的营运客车，客运站不得排班发车，驾驶人不得用其运送旅客。”采用信息化管理系统之后，安全例检工位信息化管理系统与客运站的报班及检票系统联网，只有安全例检合格的车辆才能报班，该班次的检票系统才能开启；安全例检结果没有上传到系统，未进行安全例检的车辆，或者安全例检不合格的车辆，安全例检有效期已过的车辆等均无法进行报班和检票，有效避免了人工报班管理中的人情因素，确保安全例检工作落到实处。

(8)利用信息化管理系统可以有效监管安全例检不合格的营运客车。《工作规范》第二十一条规定：“安全例检不合格的营运客车，需要修理的，由例检人员开具安全例检不合格项目告知单，交当班驾驶人将车辆送到具有相应资质的维修企业进行维修，维修合格后，维修企业检验员开具维修合格凭证，加盖维修企业印章。当班驾驶人凭维修企业出具的合格凭证到安全例检机构办理复检。”采用信息化管理系统，在安全例检人员通过密码提交审核确认完成所有安全例检项目后，对于安全例检合格的车辆，系统可以自动生成安全例检合格通知单，并将电子合格通知单和有效期上传到客运站信息化管理系统，作为报班的依据；对于安全例检不合格的车辆，系统可以自动生成安全例检不合格项目告知单，该告知单内容包括不合格项目、不合格原因和需要检修的内容，并能打印出安全例检不合格项目告知单，便于驾驶人到具有资质的维修企业对车辆进行有针对性的检修。

(9)采用信息化管理系统,有利于安全例检工作的标准化作业,简化了安全例检检测结果的传递流程,提高了营运客车安全技术管理的工作效率,规范了营运客车安全例检流程。

(10)采用信息化管理系统能更加生动地体现《工作规范》和《技术规范》的内涵与价值,可引导全行业转变思想观念,增强安全管理意识。

总之,在客运站推行营运客车安全例行检查信息化管理系统,规范了营运客车安全例检行为,促进了营运客车安全例检工作的标准化、流程化和规范化,强化了营运客车安全例检工作和营运客车安全技术管理工作,实现了营运客车一、二级维护、技术等级评定、安全例行检查和报班工作的信息共享,有效地保障了营运客车技术状况完好,对减少交通事故,确保旅客运输安全(生命与财产安全),促进道路旅客运输事业的安全、有序、可持续发展有着重要的指导性意义。

第二节　营运客车安全例行检查信息管理系统作业流程与规范

一、营运客车安全例行检查信息化管理系统的架构

依据《工作规范》和《技术规范》的指导思想、要求和内容,我们组织专家设计和编制了如图5-1所示的营运客车安全例行检查信息化管理系统架构。该架构分近期和远期两个阶段实施,第一个阶段是客运站安全例行检查的信息化管理(图5-1中右侧框内内容)。实施该阶段的目的是对营运客车安全例检作业流程进行规范,并将安全例检结果和客运站自身的信息化系统进行联网,实现检测结果的共享,利用信息化管理系统进行营运客车报班管理;第二阶段是在第一阶段实施的基础上,将具有资质的营运客车维修企业和综合性能检测站,以及行业管理部门的信息化管理系统纳入信息化管理系统,实现营运客车二级维护结果和车辆技术等级评定结果的信息共享。作为营运客车安全例行检查的前置条件,一、二级维护超期和未进行车辆技术等级评定的车辆,无法进行安全例检,从而督促营运客车按期进行一、二级维护和技术等级评定作业,从而在源头上保证营运客车技术状况完好,确保旅客运输安全。另一方面,在营运客车进行安全例检过程中发现的不合格项目,可以及时共享到维修企业,对有安全隐患的车辆进

行维修，只要进行车辆身份识别，即可知道该车安全例检的不合格项目，便于对其进行有针对性的检修。

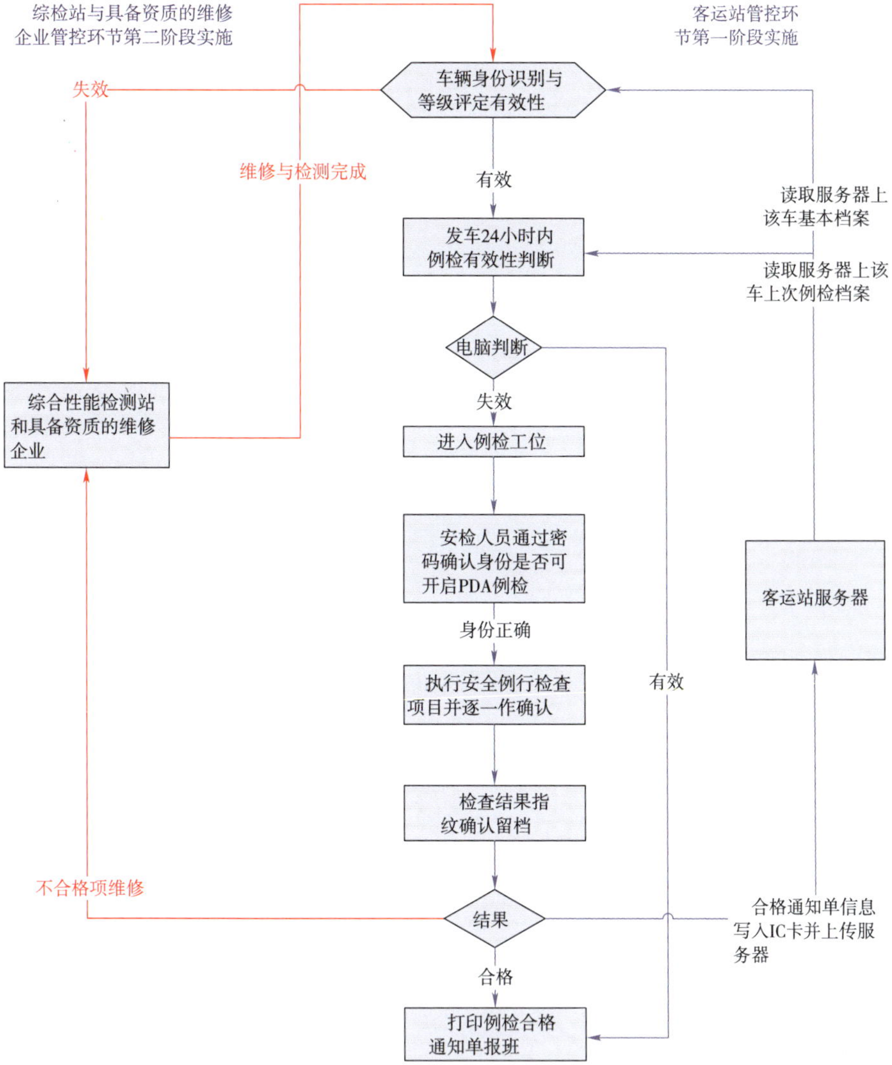

图 5-1　营运客车安全例行检查信息化管理系统的架构

二、营运客车安全例行检查信息化管理系统的应用说明

营运客车安全例行检查信息化管理系统是以《技术规范》规定的 9 项安全例检项目为核心，参照《技术规范》规定的工艺流程（图 5-2），结合营运客车的技术

装备,对营运客车安全例行检查项目实现电子化流程管控,确保作业到位,无缺项、漏项,操作简便快捷,责任到人。系统主要控制环节如下:

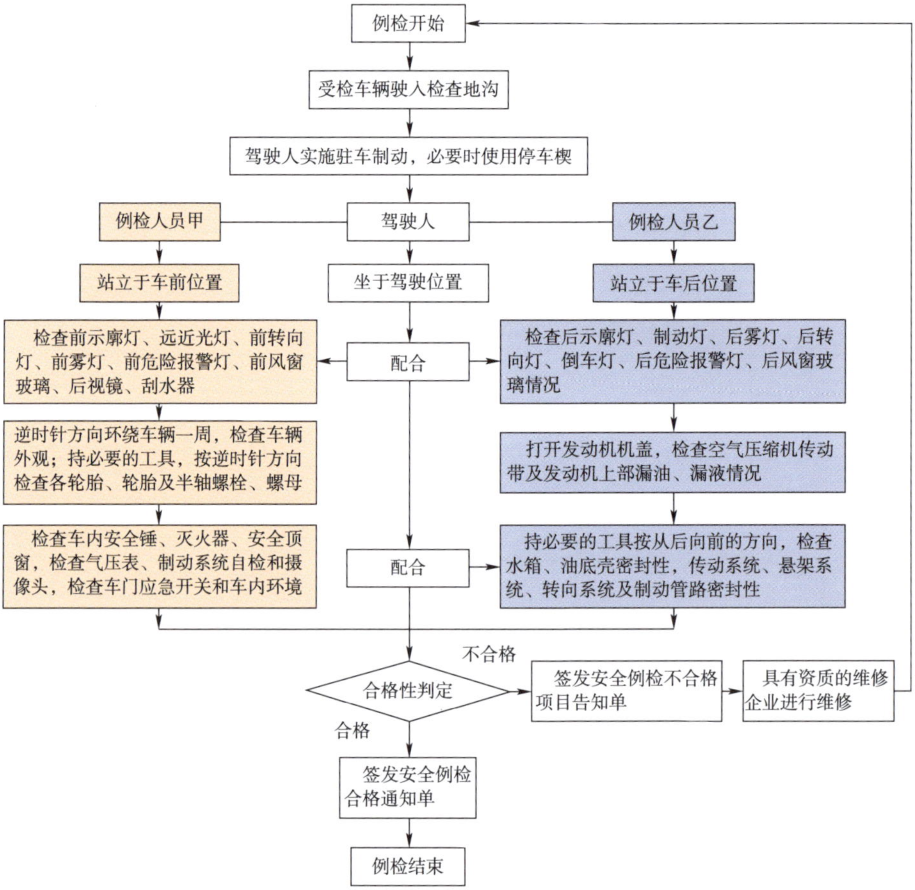

图 5-2 营运客车安全例行检查推荐工艺流程

(1)系统信息初始化。所有营运客车相关初始信息由车辆所属单位预先录入。

(2)营运客车资质条件核准。客运客车在进入安全例检工位前,安全例检人员通过读取车辆身份识别卡信息,将与营运客车相关联的《机动车行驶证》、《道路运输证》、《客运线核准证》等的有效性作出辅助提醒。重点识别上次安全例行检查合格通知单是否失效,确认失效的需进入安全例检工位进行安全例检;驾驶人驾驶证与从业资格证由人工在客车发班时检查,系统也可以对相关证件的有效性作出提醒管理。

(3)安全例检合格通知单时间有效性判定。车辆身份识别后,系统进行发班24小时内安全例行检查合格通知单的时间有效性判断。如果安全例检合格通知单失效,则进行9大类安全例行检查项目作业,安全例检结果需经具备认证资格的例检人员指纹确认并上传本地服务器留档,安全例检合格后进入报班,检票系统才能开启。

(4)一、二级维护是否超期判定。车辆身份识别后,系统根据数据库信息自动判定该车一、二级维护是否超期。对于一、二级维护超期的车辆,安全例行检查系统无法开启,提示该车需要先去具有资质的维修企业进行一、二级维护作业。对于一、二级维护没有超期的车辆,安全例行检查系统自动开启,进入安全例检流程。

(5)车辆技术等级评定是否超期判定。车辆身份识别后,系统根据数据库信息自动判定该车技术等级评定是否超期。对于技术等级评定超期的车辆,安全例检系统无法开启,提示该车需要到汽车综合性能检测站进行车辆技术等级评定。对于车辆技术等级评定没有超期的车辆,安全例检系统自动开启,进入安全例检流程。

(6)安全例检流程管控。采用PDA触摸操作模式,引导安全例检作业流程,跳出一个项目执行一个项目的检查,对检查项目判定后自动引导进入下一个项目的检查,逐条确认是否通过。全部检查项目结束后,例检人员通过密码审核确认后上传服务器例检结果留档并写入IC卡,实现信息共享;同时可由驾驶人自行通过自助终端查询机打印安全例行检查合格通知单或安全例行检查不合格项目告知单。

(7)例检人员提交车辆安全例检结果信息后,驾驶人此时可以通过自助终端查询机验证自己驾驶证与从业资格证的有效性,验证时需要驾驶人指纹比对,信息核对有效,驾驶人就可以最终自行在终端机上输出对应的安全例行检查合格通知单(图5-3),在出站时只需核对乘客人数就可以。

(8)安全例检结果与客运站报班系统信息共享。安全例检结果上传后,客运站报班系统自动调用信息,驾驶人报班时,读取车辆身份识别卡后,系统自动识别该车是否具备报班条件。未进行安全例检或安全例检不合格的营运客车,以及安全例检合格通知单失效的营运客车均无法进行报班。

本系统适用对象为各级客运站、具有资质的维修企业、综合性能检测站。第一阶段先实施客运站，由于综合性能检测站与具有资质的维修企业是第二阶段实施，信息上传责任界定无法对接，所以车辆检测与维修合格后，客运站还需对该车做安全例检，以避免责任界定不清。未来综合性能检测站与具有资质的维修企业与客运站营运客车安全例行检查信息化管理系统对接后，相关合格信息由各自例检员直接上传，责任落实到人，最终实现闭环的车辆安全例检环节。

图 5-3　驾驶人做指纹识别审核驾驶证与从业资格证

三、客运站营运客车安全例行检查信息化管理系统网络拓扑图

客运站营运客车安全例行检查信息化管理系统网络拓扑图如图 5-4 所示。

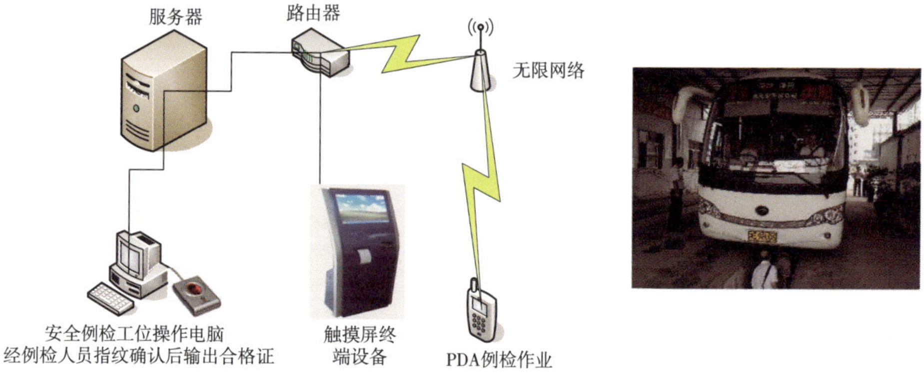

图 5-4　客运站营运客车安全例行检查信息化管理系统网络拓扑图

四、系统应用步骤介绍

1. 车辆进站识别

营运客车进站后，首先通过车辆识别系统判断车辆技术等级评定结果，年检、一二级维护、《机动车行驶证》、《道路运输证》、《客运线核准证》的时间有效性，以及安全例检合格通知单的时效性，并进行提醒（目前车辆进站识别系统可以使用车牌号、IC卡或RFID卡等车辆身份识别卡来进行识别，本系统标准配置IC卡，卡上存有该车的基本信息档案及最后一次的安全例检合格信息）。图5-5为信息化管理系统中车辆进站识别界面。如果进站例检的营运客车是新车，系统会要求添加该车辆详细信息，车辆相关基本信息登记如图5-6所示。针对新车信息系统还要登记以《机动车行驶证》、《道路运输证》、《客运线核准证》等证件详细信息（图5-7）。

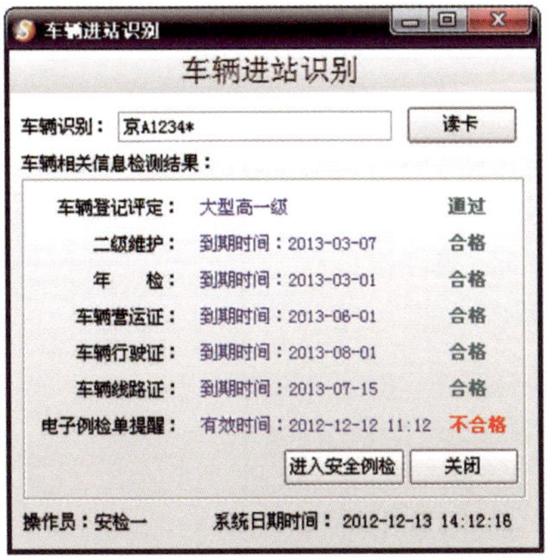

图5-5　车辆进站识别界面

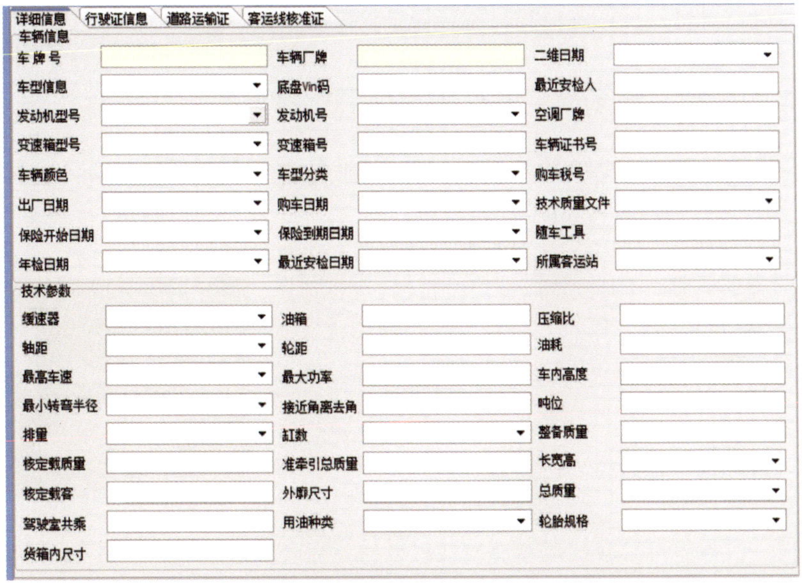

图5-6　车辆基本信息登记

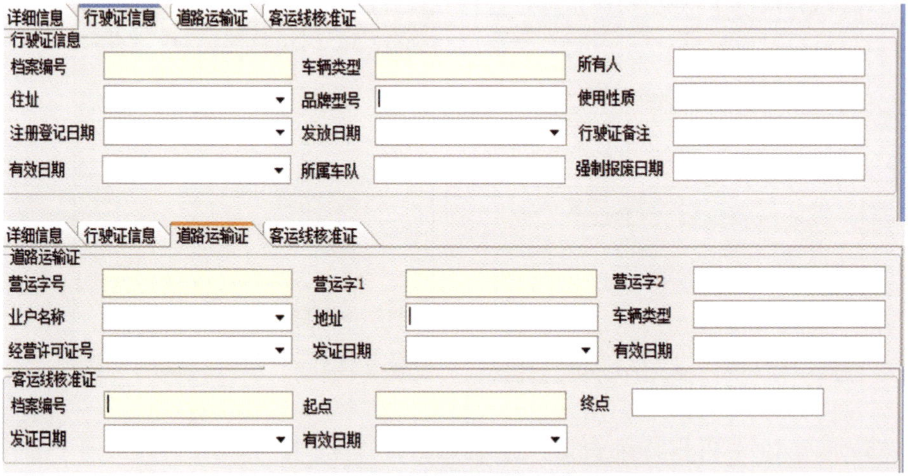

图 5-7　输入《机动车行驶证》、《道路运输证》、《客运线核准证》相关信息

如果该车基本证件信息、年检和一、二级维护都是正常有效的，而安全例检合格通知单超过 24 小时的规定有效期，营运客车就需要进入客运站安全例检工位进行安全例检。如果以上项目任一项失效，如车辆二级维护超期，或者未进行等级技术评定，系统会提示车辆二级维护或车辆技术等级评定超期，如图 5-8 所示。驾驶人需将车开到有资质的维修企业进行二级维护，或到综合性能检测站进行车辆技术等级评定。二级维护和车辆技术等级评定进行后，方可再返回客运站重新进行安全例检。

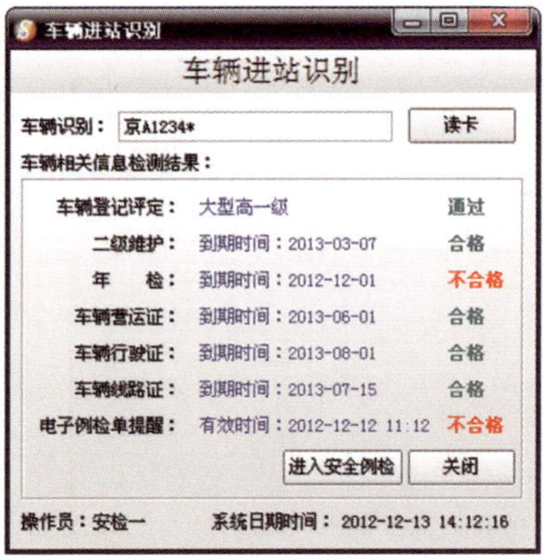

图 5-8　车辆进站识别中发现年检项目超期失效的图示

2. 客运站营运客车安全例检作业

对营运客车进行安全例检时，安全例检人员使用 PDA 对《技术规范》规定的营运客车 9 大安全例检项目的 25 个子项目内容进行逐项检查。

(1) 安全例检人员在 PDA 登录界面输入正确的登录用户名与密码后，PDA 会开启工作系统。如图 5-9 所示为 PDA 登录界面。

(2) 登录后，可以选择对车辆进行安全例检或是查询车辆相关的数据，PDA 界面导航如图 5-10 所示。

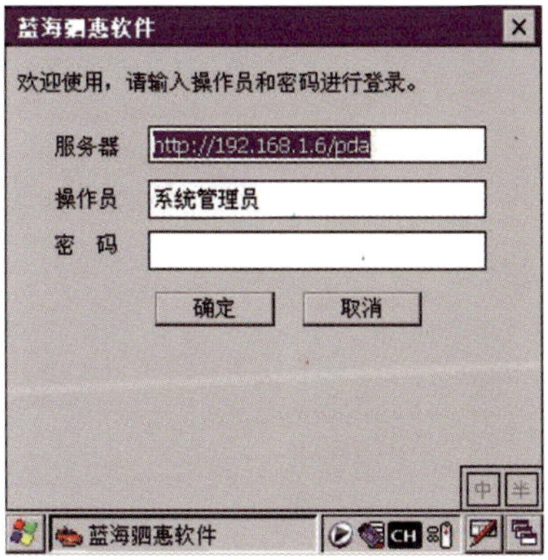

图 5-9　PDA 登录界面

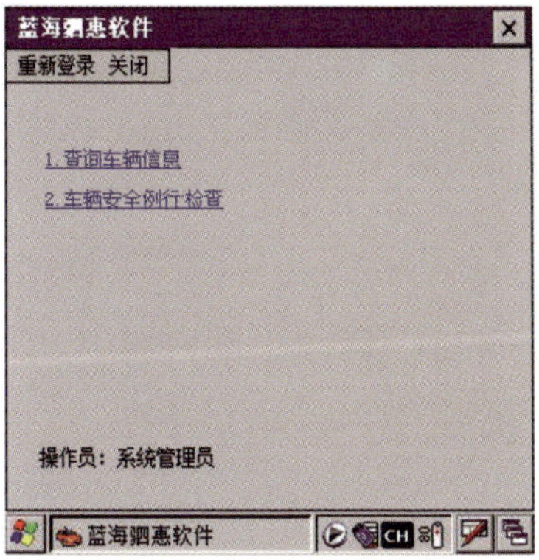

图 5-10　PDA 界面导航

(3)通过 PDA 可以详细查询到车辆的相关数据,可用 PDA 直接红外扫描 IC 卡条码读取识别该车辆的技术状况与相关指标。车辆扫描识别如图 5-11 所示。扫描识别后,PDA 将显示车辆的相关详细信息,以便例检人员作出相关判断(图 5-5、图 5-8)。

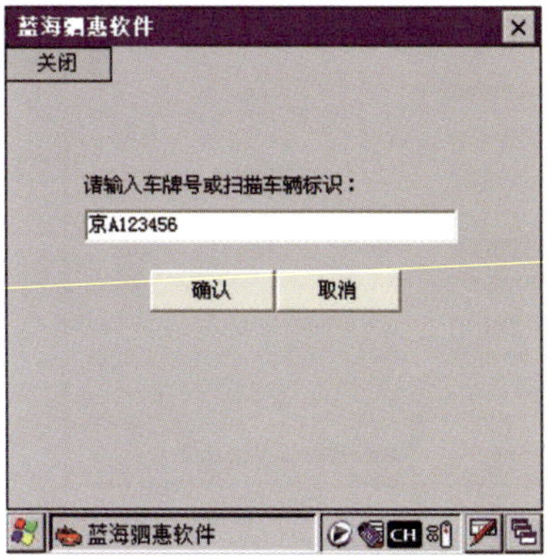

图 5-11　车辆扫描智能识别界面

(4)通过 PDA 在对车辆 9 大项共 25 个子项目进行检查的过程中,需逐一对相关子项目进行检查确认,检查一项确认后再跳出后一项。图 5-12 为子项目检查界面。检查过程中对出现不合格的项目,PDA 系统会对当前检查子项目强制要求缺陷记录描述输入,留档记载,严格按照《技术规范》检查顺序步骤进行。图 5-13 所示为子项目不合格状态录入界面,不合格情况下,PDA 界面上“不合格项目缺陷描述输入栏”会由灰色不可输入状态自动变亮为可输入状态。安全例检项目全部检查录入完毕,由例检人员做确认留档前保存,同时系统提示例检人员对检查结果做密码口令审核。

注:PDA 界面检查结果用“合格”与“不合格”记录,在例检单据打印出来时,表上检测结果对应“O”为合格,“×”为不合格。

3. 例检过程中记录修改

在例检员对检测结果做指纹审核识别前,系统允许返回安全例检单对具体检查有异议的子项目进行纠正调整。

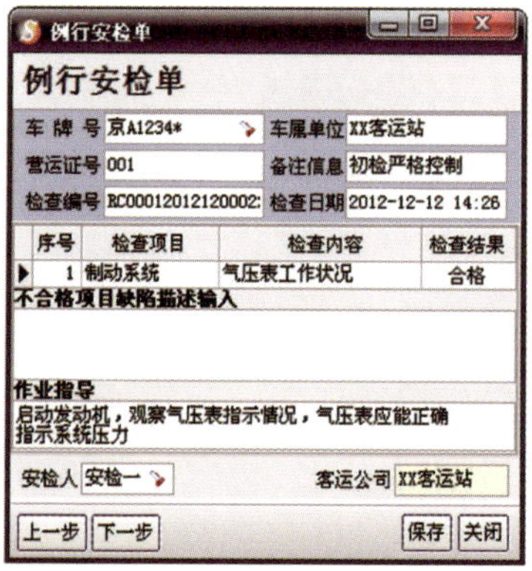

图 5-12　子项目检查界面

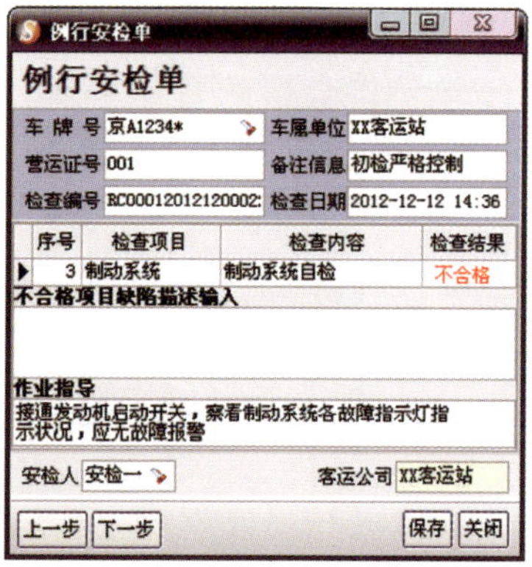

图 5-13　子项目不合格状态录入界面

4. 上传安全例检结果数据

所有安全例检项目检查完成并由例检人员做指纹审核后，系统自动将相关结果写入 IC 卡并上传服务器，同时系统提示请打印安全例检结果通知单。图 5-14 所示为例检结果打印提醒界面。

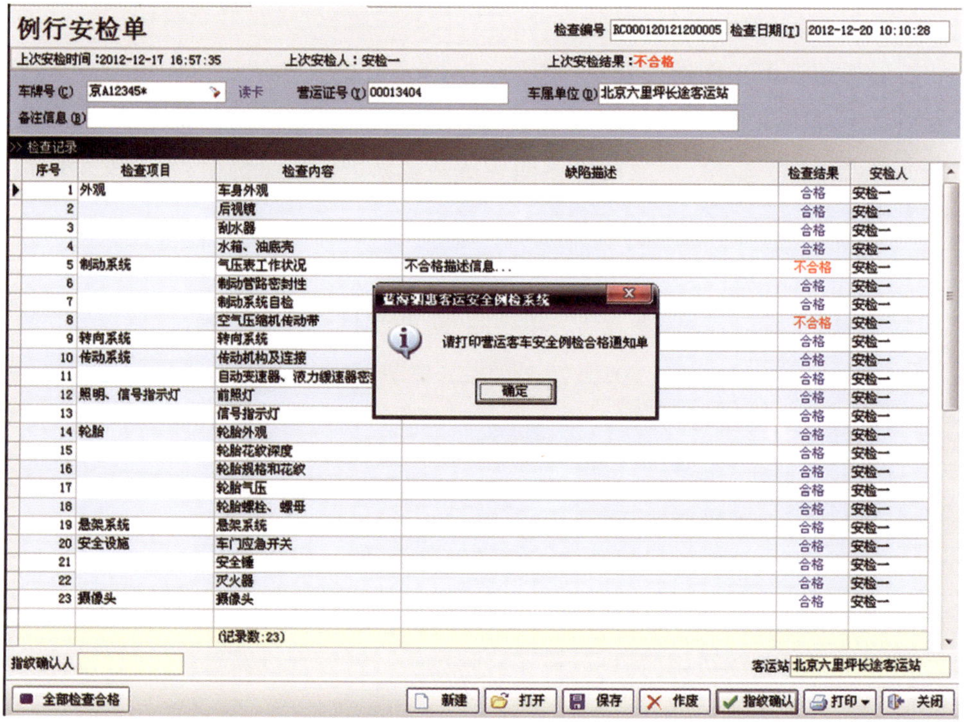

图 5-14　例检结果打印提醒界面

5. 打印输出安全例检合格通知单

对于安全例检合格的营运客车，需打印输出《营运客车安全例检合格通知单》如图 5-15 所示，例检合格的车辆方可以进行后续报班操作，即可以与报班检票对接。

编号：××××××

营运客车安全例检合格通知单

车牌号码__________，经安全例检合格。

检查时间：　　　　年　　月　　日　　时

检查人员（签字）：

检查单位（盖章）：

本通知单随车携带，24小时内有效。

图 5-15　营运客车安全例检合格通知单

6. 安全例检不合格的处理

如果营运客车未能通过安全例检，经例检人员指纹确认后打印出营运客车安全例检不合格项目告知单，如图 5-16 所示。通知该车到具备资质的一、二类维修企业进行相应维修，修复后再返回客运站重新进行安全例检，直至安全例检合格为止。

RC00012012100022

营运客车安全例检不合格项目告知单

车牌号码　京A1234*__________，经安全例行检查不合格

不合格项目：

气压表工作状况　　　不合格原因

制动系统自检　　　不合格原因

检查时间：　2012-12-12　14:36:14

检查人员（签字）：

检查单位（盖章）：

本通知单随身携带，24小时内有效。

图 5-16　营运客车安全例检不合格项目通知单

7. 营运客车安全例检动态查询功能

系统可以按照时间段、具体车辆牌号、例检人员、合格与否的状态以及对应的检查项目进行动态汇总统计分析。图 5-17 所示为营运客车安全例检查动态查询界面。

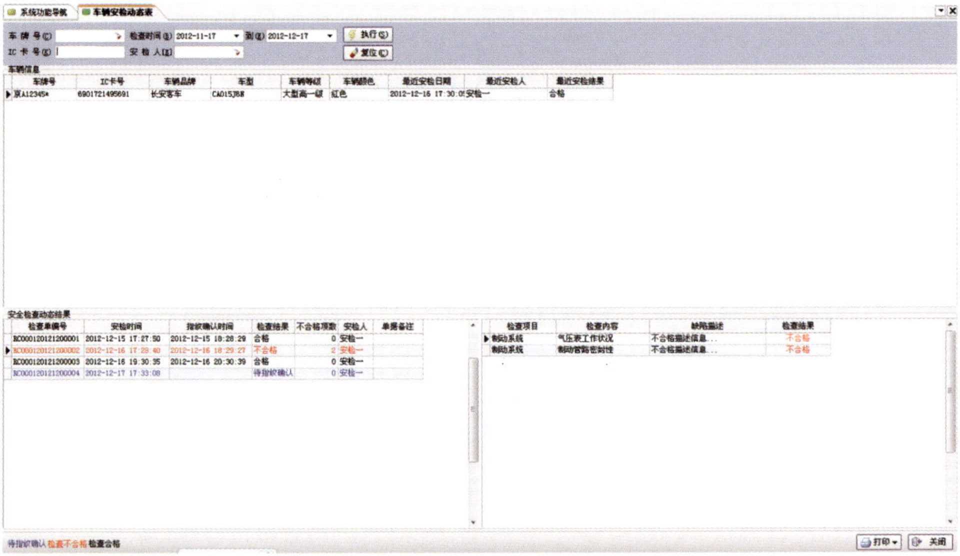

图 5-17　营运客车安全例检动态查询界面

8. 报班系统联网

营运客车安全例检合格后，驾驶人凭车辆身份识别卡进行报班，报班系统读卡后，自动识别该车安全例检是否合格，确认安全例检合格后方可进行报班，检票系统才可以开启。如果车辆安全例检不合格，或者安全例检合格通知单超过规定时效，那么该车不可以投入报班营运。

9. 系统接口

该安全例行检查信息化管理系统预留营运客车安全例检信息查询接口和安全例检信息验证接口，其他第三方软件（如车站报班、检票系统）可以通过此接口查询车辆及安全例检结果数据，验证车辆安全例检的时效性。

10. 车辆安全例检自助终端系统

车辆安全例检自助终端系统由触摸一体机、IC 卡读卡器、指纹识别仪、票据

打印机4大功能性设备部件组成,图5-18为自助终端界面。该系统主要有以下几方面功能:

(1)通过自助终端系统由驾驶人插入对应的营运客车信息IC卡,由系统自动核对相关该车辆证件的有效性(包含上次维护日期,保险到期日期,上次安检日期,行驶证有效日期,运营证的有效日期,客运线有效日期),所有证件合格后有驾驶员进入指纹识别比对,以确认对应车辆的驾驶员驾驶证信息与从业资格证有效,并自动核对关联对应车牌号(图5-19)。

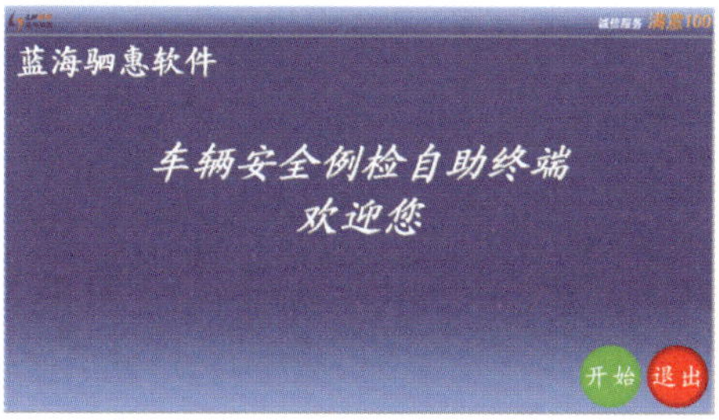

图5-18　自助终端界面

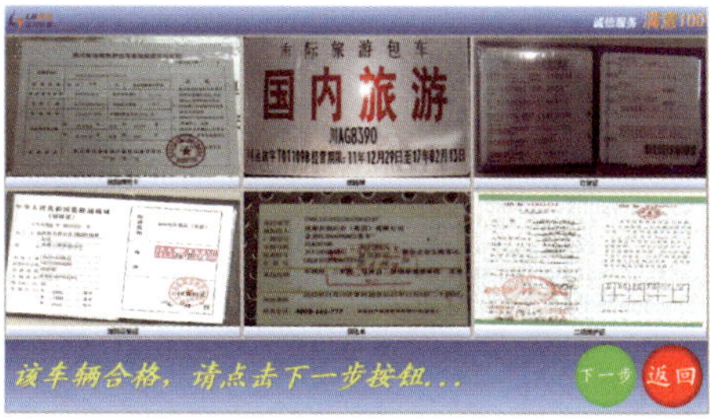

图5-19　驾驶人在自助终端上对相关证件核对图

(2)在上述环节完成后,由于车辆安全例检结果信息已由PDA系统上传服务器,此时驾驶人便可以通过自助终端查询并打印例检结果。图5-20为例检结果输出设备。驾驶人取出车辆安全例检合格通知单即可直接报班。

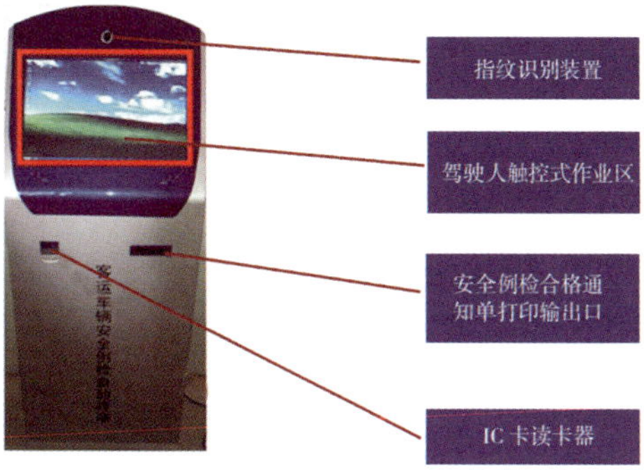

图5-20　例检结果输出设备

营运客车
安全例检信息系统

车辆身份识别卡
扫描车辆身份识别卡
获取车辆信息
正在进入
……
安全例检程序
60%
好的。
请把车
开上工位。

驾驶人携带车辆身份识别卡报班
报班系统

正在读取车辆数据

车辆未进行安全例检，不能报班。
安全例检合格通知单过期，不能报班
安全例检不合格，不能报班。

您的车辆未进行安全例检，不能报班，请您对车辆进行安全例检。
好的。
车辆的安全例检合格通知单已过期，不能报班，请您对车辆进行安全例检。
知道了。
您的车辆安全例检不合格，不能报班，请您根据不合格项目告知单对车辆进行维修。
好的。

车辆身份识别卡
扫描车辆身份识别卡
获取车辆信息
该车二级维护
超期
无法进入
安全例检程序
该车未做
等级评定
无法进入
安全例检程序
好的。
该车二级维护超期，需要先做二级维护。
好的。
该车未做等级评定，请先做等级评定。

第六章　客车安全新技术

第一节　全承载式车身

一、客车采用全承载式车身的背景

《机动车运行安全技术条件》(GB7258—2012)中规定:车长大于11m的公路客车和旅游客车及所有卧铺客车,车身应为全承载整体式框架结构。

《营运客车类型划分及等级评定》(JT/T 325—2010)中要求,高二和高三级大型和特大型客车车身要采用全承载式结构;卧铺客车车身应为全承载式结构。

全承载式车身可以在保证安全性的同时,降低车身自重,因此越来越多的客车采用全承载式车身结构。

目前中国主流客车制造企业都能运用此项技术生产更安全、更省油的客车。

二、客车车身的结构形式

按照车身结构的受力方式可分为非承载式车身、半承载式车身及承载式车身。

1. 非承载式车身

如图6-1所示,非承载式车身(Chassis frame and body construction)的客车有

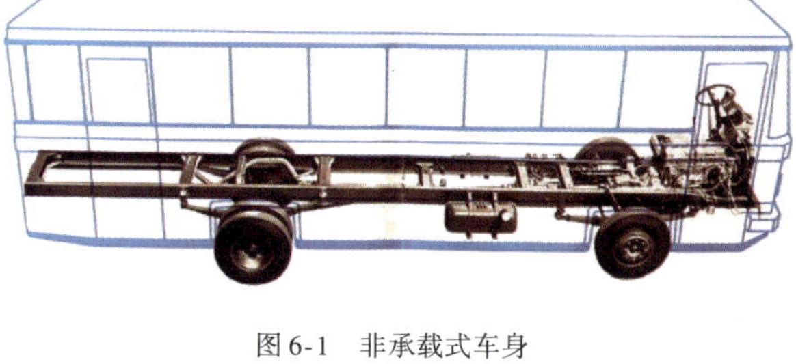

图6-1　非承载式车身

一刚性车架，又称底盘大梁架。在非承载式车身中，发动机、传动系统的一部分和车身等总成部件都通过悬架装置固定在车架上，车架通过前后悬架装置与车轮连接。非承载式车身比较笨重，但具有较好的平稳性和安全性。

2. 半承载式车身

如图 6-2 所示，半承载式车身（Half-integral construction）是一种介于非承载式车身和承载式车身之间的车身结构，其结构特点是车身通过焊接、铆接等形式与车架刚性连接，加强了部分车身底架，起到一部分车架的作用，以减轻车架的重量。该结构由于有车架，整车地板高度及行李舱布置还是会受到限制。目前，为了使该结构满足布置的需要，发展出典型的三段式车架结构（图 6-2），这是国内目前较为流行的布置结构。

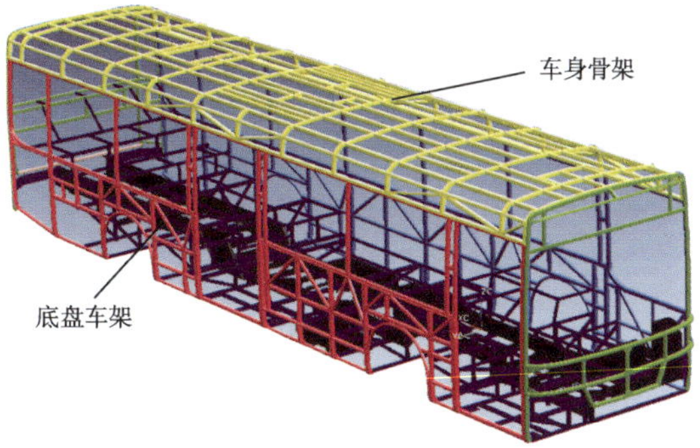

图 6-2　半承载式车身

3. 承载式车身

国内通称的全承载车身即指承载式车身。承载式车身（self-supporting body）即无车架的（国内允许在悬架或动力悬置区域局部强化）承载式车身结构。根据大客车车身上部与下部受力程度的不同，又可以将承载式车身分为基础承载式（Base supporting construction）和整体承载式（Integral construction）两种。

三、全承载式车身的结构特点和典型结构

1. 全承载式车身的结构特点

全承载式车身是指由底架、顶盖骨架、前后围骨架、两侧侧围骨架六大部分焊接而成的，可承受全部载荷的空间格栅结构。其主要特点是没有独立的底盘

车架，所有的车身骨架构件均参与承载，采用全承载式车身可以使客车减轻自重、降低油耗，且行驶时更具敏捷性、平稳性、舒适性和安全性。

全承载式车身结构的底架是由矩形管构成的格栅式结构（图6-3）。这种底架与前后围、侧围、车顶五大片组成全承载车身。由于没有车架，故可降低地板和整车高度。整个车身参与承载，其上、下部结构形成一整体，在承受载荷时，使整个车身壳体达到稳定平衡状态。可在具有较大的抗扭刚性格栅式结构的底架上，配置发动机、前后桥等总成，以保证各总成相对位置关系正常。

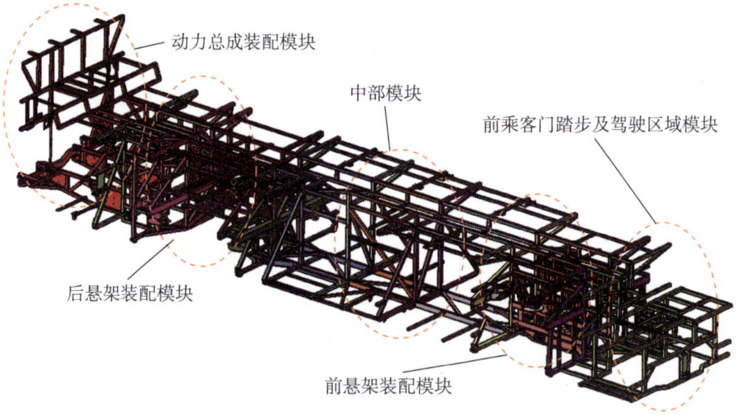

图6-3　全承载车身的格栅式底架

2. 国外全承载式车身的典型结构

国外较为普遍的全承载式车身知名品牌有：奔驰公司SETRA、德国NEOMAN公司的NEOPLAN、MAN；VOLVO公司的VOLVO 9900等。全承载式车身结构依据其独立拥有的前、后桥及车身模块尺寸而有所不同（表6-1）。从对比来看，SETRA、MAN、NEOPLAN全承载式车身结构基本相同（图6-4），该类结构的车身参与承载的能量比可达到70%以上；但VOLVO、SCANIA车身结构（图6-5和图6-6）因其底盘结构的特殊性，其车身参与承载的能量比较低，一般为35%～50%。VOLVO、SCANIA、MAN、奔驰商用车集团都有独立的客车底盘及零部件业务，据了解其本土化生产都采用全承载式车身结构，而外销时多采用CKD或自行式底盘总成，此类底盘多采用三段式结构，仅提供前部及后部悬架、动力总成、转向系统、底盘电控集成模块，而中部改装结构多由客户自行改装。

国外全承载式车身的典型结构　　表6-1

典型产品	结构特点	结构特征
SETRA MAN NEOPLAN VOLVO	基本相同，均采用承载式管形空间桁架结构	以车身横断面为结构主体，按不同高度划分产品结构（超高地板、高地板及标准地板）系列，同一结构车身以纵向尺寸（长度）变化划分为12 m、12.2 m、13 m、13.85 m、14 m系列

图6-4　MAN全承载式车身底架结构

图6-5　VOLVO B12B全承载式车身底架结构

图6-6　SCANIA全承载式车身底架结构

3. 国内全承载式车身典型结构

国内全承载式车身技术路线如表6-2所列。由此可知，国内标杆企业均已经开展了全承载式客车技术的应用开发，特别是安凯客车由于其公司技改扩产之初即着力于全承载客车的研发与生产，其产品为全系列开发，基本是从12 m产品系列向下延伸；金华青年尼奥普兰更是在成立之初即定位于高端豪华客车市场，其采用NEOPLAN技术全面开发，而宇通、金龙客车也引进或合作开发具有全承载式车身的产品。

国内全承载式车身技术路线 表6-2

标杆企业	技术路线
安凯客车	引进SETRA技术
宇通客车	引进MAN技术
北方尼奥普兰	引进NEOPLAN技术
青年尼奥普兰	引进NEOPLAN技术
厦门金龙客车	国内合作委托开发，柯布克(悬架制造商)公司
厦门金旅客车	引进SCANIA技术
苏州金龙客车	引进SCANIA技术

安凯客车引进SETRA技术，采用全格栅珩架式结构(图6-7)，结合国内客车使用工况特点，通过市场验证，已成为国内承载式客车的引领者，其承载式车身结构技术代表着国内承载式车身技术的主导发展方向。

图6-7 安凯客车引进SETRA技术的全格栅珩架式全承载式车身结构

宇通客车引进MAN技术，同样结合国内客车使用工况特点和国内高三级等级要求，在引进MAN莱茵之星系列时将全承载的底架结构后段改为带纵梁结构(图6-8)，开发了MAN A82客车底盘系列，在此基础上开发了承载式客车系列产品，其结构特点是：可组装独立的底盘总成；前悬架部分及中部底架为全珩架空间格栅结构；后段纵梁采用了三段式槽形纵梁车架结构。该结构车身参与承载的能量比为50%～60%。

图6-8 宇通客车引进MAN技术的全承载式车身底架

北方、青年尼奥普兰客车引进NEOPLAN技术，与其他品牌不同，其上部结构因其造型特征需要，车身上部构造与下部构造保持一特定的倾角，形成一稳定的闭环式空间结构（图6-9）。该结构车身参与承载的能量比可达70%以上。

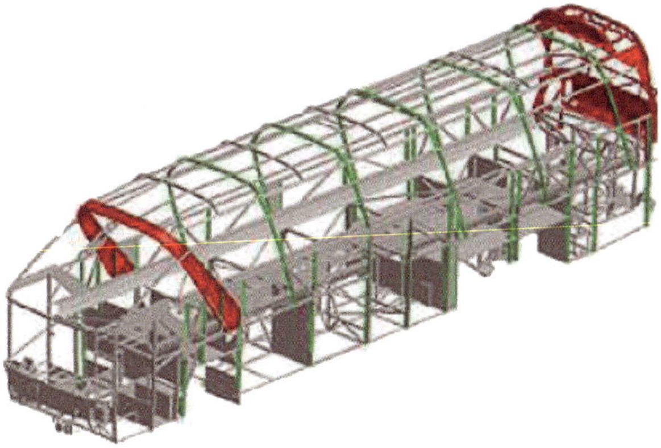

图6-9 北方、青年尼奥普兰客车引进NEOPLAN技术的全承载式车身

厦门金旅、苏州金龙客车引进SCANIA技术，采用成熟的Scania K-EB型客车专用底盘（图6-6），集斯堪尼亚发动机、变速器、车桥、空气悬架、转向和制动系统6大模块于一体，其底盘形式为独立的前、后两个模块，中部可以完全根据结构需要自行设计；其底盘模块中横向结构主要承载梁为横向贯通；纵向也为贯通结构，其车身结构不同于完全意义的承载式车身结构，但经过国内专家认证也判定其为承载式车身结构。该结构车身参与承载的能量比为35%～50%。

欧V客车通过分析对比SETRA、MAN、NEOPLAN及SCANIA承载式车身技术路线特点，结合车身模块化设计的需要，选择了更为成熟的SETRA技术路线，采用全珩架空间构架结构,以横断面为承载主要区域,结合闭环设计,将整车分为5个基础模块(图6-3)。

第二节　盘式制动器

《道路运输车辆综合性能要求和检验方法》(GB18565)第5.4.4款规定,车长大于9 m的客车、旅游客车、危险货物运输车至少其前轮应装有盘式制动器。

《机动车运行安全技术条件》(GB 7258—2012)第7.2.6款规定,所有专用校车和危险货物运输车的前轮及车长大于9 m的其他客车的前轮应装备盘式制动器。

JT/T 325—2010《营运客车类型划分及等级评定》第8.2.1款规定的客车等级评定必要条件(标准中的表4)要求,大型客车和特大型客车,以及高一和高二级小型和中型客车的前桥均要采用盘式制动器。

一、盘式制动器的优势

由于盘式制动器自身结构的特点,盘式制动器相对于鼓式制动器具有很多优点,主要表现在以下方面:

(1)无自增力功能,不放大摩擦系数差异,制动力差异小,制动稳定性好。

(2)低热衰退性,即使制动温度很高,制动力损失也较小。

(3)高速、重载和高温时的制动性能及稳定性好,各工况和温度范围内能长期保持较高的制动性能。

(4)良好的渐进性,高效的制动机构使得制动反应灵敏,滞后低,更能满足和实现电子制动系统(EBS)的精准控制,制动更平稳和舒适,制动感觉轿车化。

(5)便于维护,与鼓式制动器相比,更换制动摩擦片更方便。

(6)制动钳是完整的制动器,减少了整车厂的总装过程,安装更简便。

(7)制动摩擦片和制动盘的接触平稳,制动噪声更小。

(8)制动盘比制动鼓散热性好,可避免过多的热量聚集烧毁轮胎。

(9)对比鼓式制动器,盘式制动器的储备能力无论在以速度(图6-10)还是以温度(图6-11)为参照的对比中显示了更高储备能力。

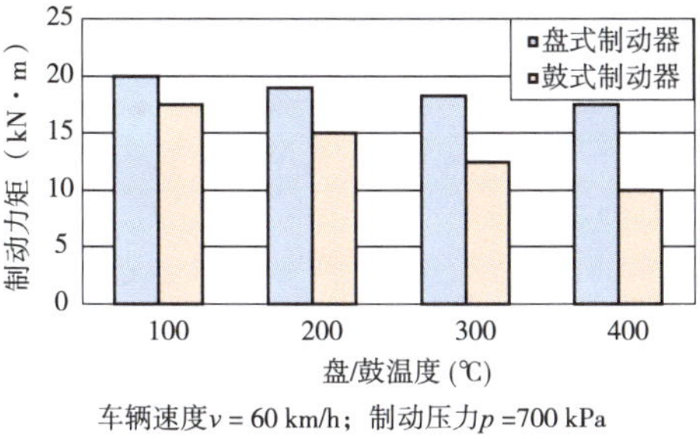

图 6-10　以速度为参照的盘式和鼓式制动器储备能力比较

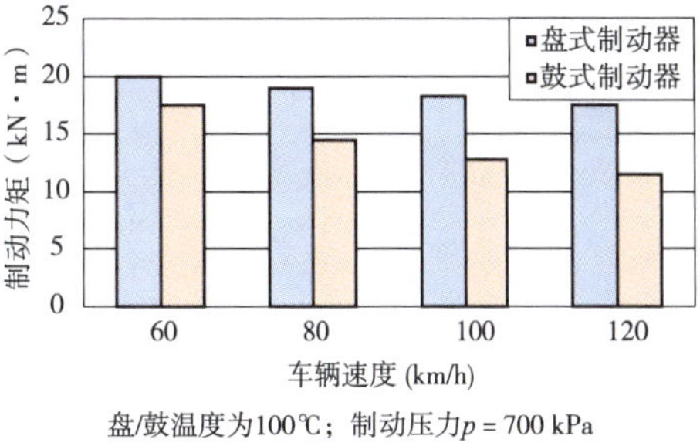

图 6-11　以温度为参照的盘式和鼓式制动器储备能力比较

二、盘式制动器的分类

制动器是具有使运动部件(或运动机械)减速、停止或保持停止状态等功能的装置,是使机械中的运动件停止或减速的机械零件。目前,摩擦式制动器按摩擦副结构形式不同,可分为鼓式、盘式和带式三种。

盘式制动器(图 6-12)又称为碟式制动器,顾名思义是取其形状而得名。盘式制动器中以端面作为摩擦副旋转工作的金属圆盘称为制动盘,在其固定支架上的摩擦副工作面是由 2 ~ 4 块摩擦片与其金属底板组成的制动摩擦块。这些制动摩擦块及其张紧装置都装在横跨在制动盘两侧的夹紧钳形支架中,称为制动钳。这种由制动盘和制动钳组成的制动器又称为钳盘式制动器。当制动盘被两侧的制动摩擦块夹紧时,摩擦面便产生作用于制动盘上的摩擦力矩以阻止车轮转动。

图 6-12　盘式制动器

盘式制动器分为固定钳式[图6-13a)]和浮动钳式[图6-13b)]两种,固定式的盘式制动器在商用车上已基本消失了。盘式制动器按照控制形式可分为液压控制和气压控制两类,目前客车上使用的盘式制动器为气压浮动钳式盘式制动器(Air Disc Brake,ADB)。

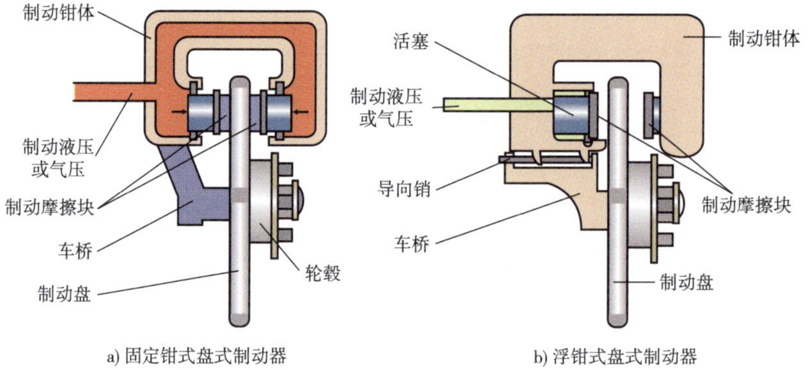

图6-13　盘式制动器的类型

商用车上的制动盘主要是通风式制动盘,制动盘直径对应于三种不同的制动钳(430 mm、377 mm 和 335 mm)。

制动分泵有单腔的制动气室和双腔的弹簧制动气室两种;弹簧气室应用在后桥上以实现驻车制动。

三、盘式制动器的工作原理

盘式制动器是由液(气)压作为动力源,主要零件有制动盘、油缸(或气室)、制动钳、油(气)管等。制动盘用合金钢制造并固定在车轮上,随车轮转动。油缸(气室)固定在制动器的底板上固定不动。制动钳上的制动摩擦块分别装在制动盘的两侧。油缸(气室)的活塞(推盘)受油(气)管输送来的液(气)压作用,推动制动摩擦块压向制动盘发生摩擦制动,就好像用钳子钳住旋转中的盘子,迫使它停下来一样。

四、气压盘式制动器的基本构造

1. 气压盘式制动器的基本构造

目前客车上使用的基本上都是气压浮钳式盘式制动器。一般气压盘式制动器的制动过程如图6-14所示，制动气室推杆推动摆杆，摆杆上的力通过推力块作用在推盘上，推盘将内侧制动摩擦块压向制动盘并且迫使制动钳体反向移动，带动外侧制动摩擦块向内移动，最终使两侧的制动摩擦块将制动盘夹紧，产生制动力矩。如图6-15所示，盘式制动器一般由制动钳总成、制动钳支架、制动摩擦块总成、制动气室等几个主要部分组成，制动钳总成包括制动钳体、导向机构、传动机构、自调机构、气室座等部分，双推盘结构的盘式制动器还有同步机构。

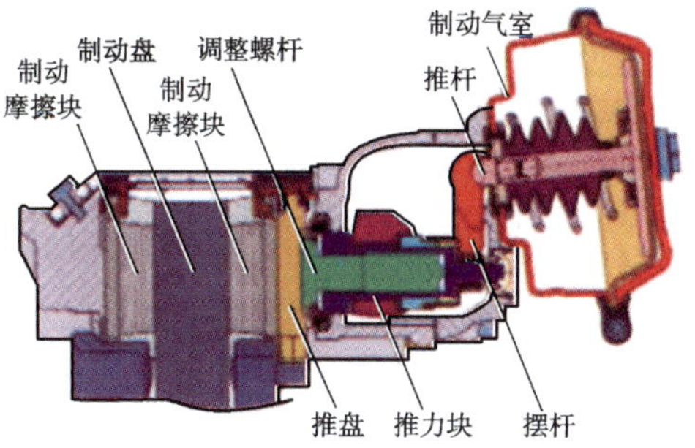

图6-14　气压浮钳式盘式制动器的工作过程

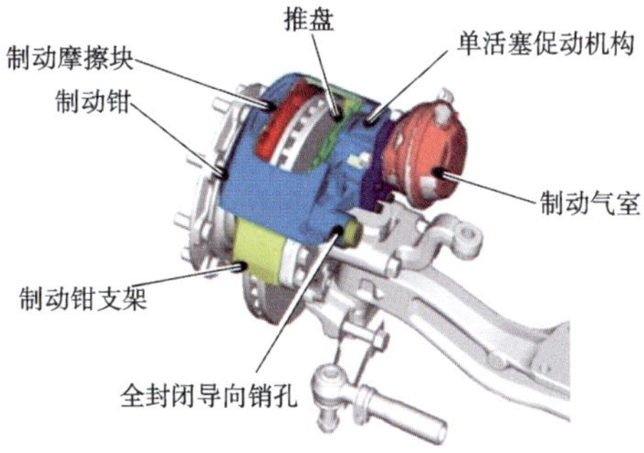

图6-15　气压浮钳式盘式制动器的结构

2. 气压盘式制动器的优点

与鼓式制动器相比，传统的液压盘式制动器具有很多优点：制动效能稳定，无增势作用，不会产生自锁现象；具有良好的抗热衰退和水衰退性能；制动间隙稳定，制动反应时间短；在输出制动力矩相同的情况下，盘式制动器的尺寸可以做得更小；制动间隙自调更易实现。气压盘式制动器的出现既保留了传统的液压盘式制动器的各种优点，又克服了其原有的缺点，其性能和可靠性相对于鼓式制动器来说具有无可比拟的优势。

五、气压盘式制动器的检修

1. 气压盘式制动器匹配车辆的注意事项

(1)气压盘式制动器要与采用轮辋的尺寸匹配。

(2)选配的气压盘式制动器制动力矩是否符合使用要求。

(3)气压盘式制动器布置方位是否可以保证不与车桥上的其他零部件干涉，且制动摩擦块达到磨损极限后也不能发生干涉。

(4)安装气室后要能保证车轮的内外转角。

(5)车桥的轮距、轮辋内外轴承的外径和轮辋中心距是否能够布置气压盘式制动器。

(6)为后桥匹配气压盘式制动器时,需要考虑驻车制动力是否满足使用要求。

2. 气压盘式制动器的检查项目和技术要求

对于气压盘式制动器,至少每3个月检查表6-3所列项目1次。

气压盘式制动器的检查项目和技术要求 表6-3

检查项目		技术要求	
		16/17.5	19.5/20/22.5
制动摩擦块	最小衬片厚度(mm)	2	
	最大不均匀磨损量(mm)	1	
制动盘	最小厚度(mm)	28	37
	每边最大磨损厚度(mm)	3	4
	最大径向跳动(mm)	0.4	0.5
	最大厚度差(mm)	1	1.6
	最大表面裂纹	小于75%制动盘宽度	
	最大凹槽深度(mm)	0.5	
导套	最大间隙(mm)	1	
防尘罩	脱落、破裂、老化	无	
滑动功能	最大滑动阻力(N)	80	100
间隙自调功能		有	

制动摩擦块的检查方法(图6-16):将车辆熄火停稳,支起车桥,拆下车轮;如有驻车制动,应解除,使轮毂可自由旋转;拆下气室(如有专用调整扳手,可不拆气室);拆下堵头;用10 mm的套筒扳手顺时针方向旋转使制动放松;拆下螺栓及附件;按车辆技术要求检查制动摩擦块。特别提醒:同一车桥的4块制动摩

擦块需同时更换。

图 6-16　制动摩擦块的检查

第三节　电子制动系统

《机动车运行安全技术条件》(GB 7258—2012)第 7.2.11 款规定:“车长大于 9m 的公路客车、旅游客车和未设置乘客站立区的公共汽车,所有专用校车、危险货物运输车和半挂牵引车,总质量大于等于 12 000 kg 的货车和专项作业车及总质量大于 10 000 kg 的挂车应安装符合 GB/T 13594 规定的防抱死制动装置”。

《营运客车类型划分及等级评定》(JT/T 325—2010)第 8.2.1 款规定的客车等级评定必要条件(标准中的表 4)要求,大型客车和特大型客车,以及高一和高二级小型和中型客车的前桥均要装备 ABS(一类)。

我们将具有 ABS、EBD、ASR 或 TCS、ESP 等功能的制动系统称为电子制动系统。

一、电子制动系统基本构成

1. 液压电子制动系统的基本构成

如图 6-17 所示,典型的液压电子制动系统主要由电控单元(ECU)、液压调节器总成、轮速传感器、转向角度传感器、偏转率传感器、横向加速度传感器、纵向加速度传感器、制动压力传感器、ESP 开关等部件组成。

2. 气压电子制动系统的基本构成

图 6-18 所示为青年客车装备的典型气压电子制动系统各个元件在车上的布置情况,主要包括电控单元(ECU)、压力控制电磁阀(PCV)、轮速传感器

（WSS）、牵引力控制电磁阀（TCV）、偏转率及横向加速度传感器（YRS）、转向角度传感器（SAS）和制动压力传感器等组成。

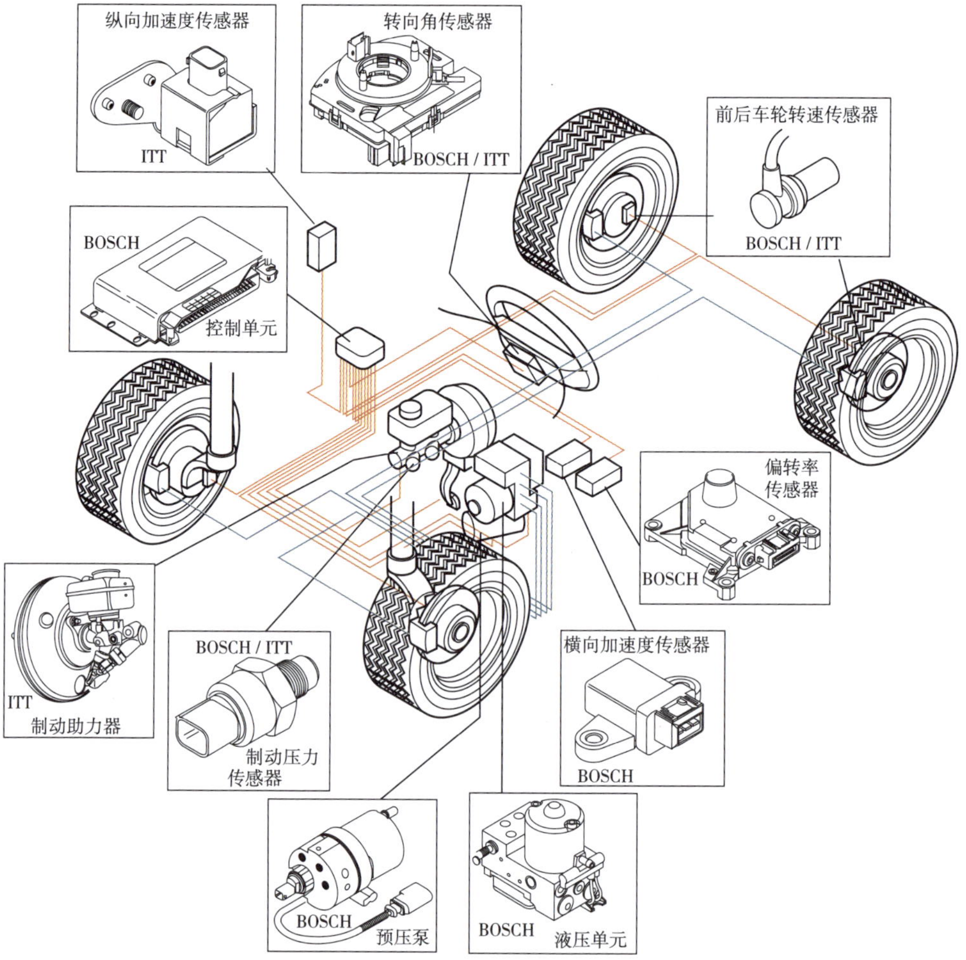

图 6-17　液压电子制动系统的基本构成

二、电子制动系统基本功能

1. ABS

ABS 是 Anti-locked Braking System 的缩写，中文即“防抱死制动系统”。它是一种具有防滑、防抱死等优点的汽车安全控制系统。

制动性能是汽车的主要性能之一，它关系到行车安全性。如果因为汽车的紧急制动（尤其是高速行驶时）而使车轮完全抱死，是非常危险的。尤其在路面湿滑的情况下，对行车安全造成极大的危害。ABS 的功能即是在车轮将要抱死时，降低制动力，而当车轮不抱死时又增加制动力，如此反复动作，使制动效果最佳。

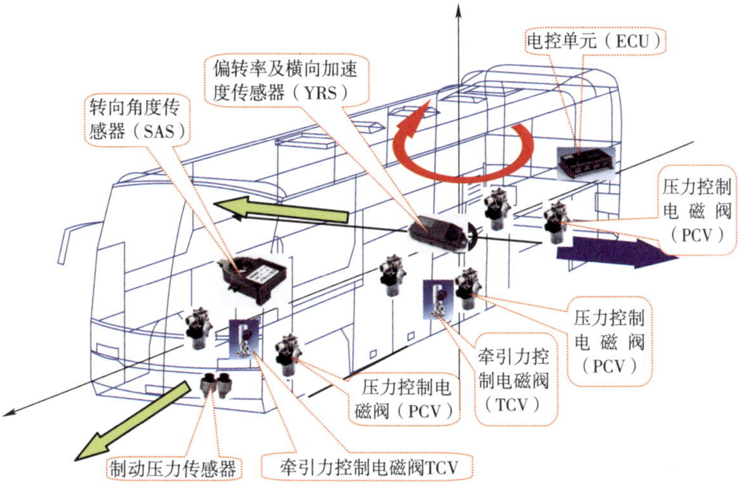

图 6-18　青年客车气压电子制动系统主要元件在车上的布置情况

ABS 通常都由轮速传感器、制动压力调节装置、电控单元和 ABS 警示灯等组成。在常见的 ABS 中，电控单元根据各车轮轮速传感器输入的信号对各个车轮的运动状态进行监测和判定，并形成相应的控制指令。制动压力调节装置通过制动管路与制动主缸（储气筒）和各制动轮缸（气室）相连，制动压力调节装置受电控单元的控制，对各制动轮缸（气室）的制动压力进行调节，不停地制动和解除制动，即相似于“点制动”动作，从而可避免紧急制动时方向失控与车轮侧滑，同时加大轮胎摩擦力，使制动效率达到 90% 以上。

2. EBD

EBD 是 Electric Brake force Distribution 的缩写，中文即“电子制动力分配”。汽车上装配了 EBD 系统可以防止汽车制动时后轮先抱死的事情发生，可依据车辆的质量和路面条件来控制制动过程，自动以前轮为基准去比较后轮的滑移率，使前后轮的制动力接近理想化制动力的分布。汽车制动时，在 ABS 启动之前，EBD 已经对前后轮制动力之比进行了调节，以防止出现后轮先抱死的趋势，从而改善了制动力的平衡并缩短了制动距离。EBD 系统包括车轮转速传感器、ECU 和制动压力调节器等部件，所有这些硬件都是和 ABS 共用的。

3. ASR

ASR 是 Acceleration Slip Regulation 的英文缩写，中文即“加速驱动防滑控制系统”。ASR 是当今最新一代的驱动防滑控制系统，顾名思义就是防止驱动轮加速打滑的控制系统，其目的就是要防止车辆尤其是大功率的汽车在起步、加速时驱动轮出现打滑的现象，以维持车辆行驶的方向稳定性，保持好的操控性及最适当的驱动力，保证行车安全。ASR 可以最大限度地利用发动机的驱动力矩，保证车辆起步、转向和加速过程中的稳定性能，此外，还能减小车轮磨损和燃油消耗。

4. TCS

TCS 是 Traction Control System 的缩写，中文即“牵引力控制系统”。TCS 是在 ABS 基础上发展起来的新系统。ABS 控制 4 个车轮，而 TCS 只控制驱动轮，其工作原理与 ASR 系统如出一辙。当汽车加速时，TCS 将驱动轮的滑动控制在一定的范围内，从而防止驱动轮快速滑动。其功能在于提高牵引力和保持车辆行驶稳定性。

5. ESP

ESP 是 Electronic Stability Program 的缩写，中文即“电子稳定程序”。ESP 系统功能是控制车辆的横摆力矩，把车轮侧偏角限制在一定范围内，以抵消汽车的不稳定运动，如在湿滑路上甩尾时的矫正作用。ESP 系统的控制目的包括保证汽车制动和加速时的方向稳定性与可控性；保证转向时不出现不足转向和过度转向；增强汽车的转向反应和轨迹跟踪性能；缩短制动距离，改善牵引性能。当汽车出现不稳定趋势时，ESP 对各车轮实行独立制动，并参与发动机系统管理，保证汽车稳定运行。ESP 系统对控制汽车横向滑移，减轻驾驶人的精神紧张及身体疲劳具有重要作用。ESP 是当前汽车防滑装置的最高级形式。

三、电子制动系统的常见故障及检查维护

使用中如果电子制动系统出现故障，警告灯（ABS 灯、ESP 灯等）就会闪亮，需要及时停车处理或修复。电子制动系统的常见故障及检查维护方法如下。

1. 电子制动系统自检

接通点火开关，查看仪表盘上的电子制动系统警告灯（ABS 灯、ESP 灯等）是否正常工作。正常情况下，在接通点火开关的时候，电子制动系统警告灯应该点

亮，自检结束后，上述警告灯应该熄灭。如果自检结束后，有相关警告灯不熄灭，则说明电子制动系统存在故障，应该通过故障自诊断系统进行故障查询，查明原因，排除故障。

2. 管路泄漏和运动干涉检查

将车辆停放在地沟之上，目视检查电子制动系统的液压管路或气压管路有无压瘪、老化、破裂、脱皮等现象；目视检查各管路接头是否连接良好、有无漏液或漏气现象；检查电子制动系统相关管路是否存在运动干涉情况；检查电子制动系统相关管路走向是否正确。

3. 轮速传感器故障及检查

如果至少有一个转速传感器发生故障，那么 ABS 警告灯及 ASR、ESP 警告灯就会亮起，相关的系统会被关闭。但 EBD 功能仍正常。如果在自检和车速超过 20 km/h 时，此故障不再出现，那么警告灯就会熄灭。轮速传感器脏污、传感头和齿圈之间的空气间隙不当、永久磁铁退磁、线圈电阻错误、导线短路和断路等是轮速传感器最常见的故障。当电子制动系统报警或工作不良时，应拆下轮速传感器，检查传感头和触发齿圈是否脏污，必要时清除其表面的金属屑和脏物；检查轮速传感器的空气间隙是否符合车型维修手册的要求，不符合要求则调整轮速传感器空气间隙；试验、检查轮速传感器永久磁铁的磁性；测量轮速传感器线圈的电阻，判断是否符合车型维修手册技术要求；检查轮速传感器导线连接器安装是否牢靠；检查轮速传感器线束有无破损；检查轮速传感器线束有无运动干涉。

4. 偏转率传感器、横向加速度传感器安装位置检查

横向加速度传感器用于接收是否有侧向力及该侧向力的大小信息，如果电控单元无法接收到横向加速度传感器信息，就无法计算出车辆的实际状态，ESP 系统功能也就失效了。在 ESP 系统中，偏转率传感器用于确定车辆是否绕垂直轴线转动。ECU 利用偏转率传感器和横向加速度传感器的输出信号电压及轮速传感器的输出信号电压和转向角度传感器的串行数据输出信号，通过与驾驶人想要的驾驶方向进行比较，计算出车辆的实际方向。因此，偏转率传感器、横向加速度传感器安装位置是否正确对电子制动系统的正常工作影响非常大。在进行车辆安全例检时，应检查其安装位置是否正确。

5. 传感器零点平衡

电控单元利用偏转率传感器、横向加速度传感器、转向角度传感器、压力传感器的信息进行 ESP 控制，一旦上述传感器传递信息发生偏差，会导致控制接收到的信息错误，因此在更换了相关传感器之后，必须按照车型维修手册规定的方法和流程进行偏转率传感器零点平衡、转向角度传感器零点平衡、压力传感器零点平衡、纵向加速度传感器零点平衡等操作。

第四节　客车辅助制动装置

汽车制动系是汽车安全行驶中最重要的系统之一，但客车在山区行驶时，需要长时间的制动，在市区行驶时，需要频繁的使用制动，因此汽车的制动负荷越来越大。若这些制动负荷全部由车轮制动系统来承担，势必会造成主制动装置过热，导致制动效能下降，甚至制动失效。因此，要解决这些问题，比较切实可行的方法就是安装辅助制动装置。

辅助制动装置是用以使车辆下坡的速度降低或稳定在一定范围，而不是用以使车辆停驶的机构。与主制动装置相比较，辅助制动装置虽然在短时间内吸收的功率比较小，但是它吸收的功率在很长时间内可以保持不变或者基本保持不变。目前技术比较成熟，适合装车的辅助制动装置有缓速器和发动机制动器等。本书主要讲解缓速器和发动机制动器的相关知识。

一、缓速器

《营运客车类型划分及等级评定》（JT/T 325—2010）第 8.2.1 款规定的客车等级评定必要条件（标准中的表 4）要求，特大型客车、大型客车和高二级中型客车要安装缓速器；第 8.2.3 款规定，特大型双层公路客车除符合第 8.2.1 款规定外，传动系中还应装备液力缓速器。

《道路运输车辆综合性能要求和检验方法》（GB 18565）第 5.4.5 款规定，车长大于 9 m 的客车、N3 类货车、危险货物运输车应装有缓速器或其他辅助制动装置。

《机动车运行安全技术条件》（GB7258—2012）第 7.5 款规定，车长大于 9 m 的客车（对专用校车为车长大于 8 m）、总质量大于等于 12 000 kg 的货车和专项作业车、所有危险货物运输车,应装备缓速器或其他辅助制动装置。辅助制动装置的性能要求应使汽车能通过 GB 12676 规定的Ⅱ型或ⅡA 型试验。

目前 10 m 长以上的客运、旅游客车缓速器安装率达到 60% ~70% ,而公交客车(城市客车)的缓速器安装率仅有 20% ~30% ,大型客车总体缓速器安装率达到 40% ~50% 。汽车装备缓速器后可有效解决连续制动导致制动摩擦片过热、制动失灵等问题,延长了制动器使用寿命,使制动减速度稳定、连续,大大提高车辆的安全性、经济性和舒适性。

(一)缓速器的类型

缓速器是一种通过提供制动力来降低或者限制车速的辅助制动系统,安装在变速器后或后桥前或传动轴中间,通过给传动轴一个与转动方向相反的力矩来使车速降下来。汽车在减速或下长坡时,启用缓速器,可以平稳减速,避免使用制动而造成的磨损和发热。

目前国内汽车缓速器主要有两类:一种是电涡流缓速器,安装在汽车驱动桥与变速器之间,通过电磁感应原理实现无接触制动。另一种是液力式缓速器,通过压缩空气经电磁阀进入储油箱,将储油箱内的变速器油经油路压进缓速器内,使定子与转子在油液的作用下产生阻力矩,从而实现对车辆的减速作用。除了这两种常见的缓速器外,还有永磁式缓速器和磁流变缓速器。永磁式缓速器是采用永久磁铁进行励磁,取代了电涡流缓速器中的电磁铁。目前,国内汽车行业使用的汽车缓速器产品 90% 以上的是电涡流缓速器,少量车辆使用液力缓速器,永磁缓速器和磁流变缓速器还处于试验阶段。

(二)电涡流缓速器

1. 电涡流缓速器的结构

电涡流缓速器由机械部分和电气控制系统两部分组成。机械部分由支架总成、转子总成和定子总成三部分组成。电气系统部分由手控开关、气压开关总成、速度传感器、驱动控制器、电源总开关、工作状态指示灯和线束等组成。电涡流缓速器的机械部分按其结构和安装位置的不同,主要可分为 A、B、C 三类,其工作原理一样。

A 类缓速器安装在变速箱输出端或后桥输入端,结构为两转子夹一个定子,典型代表为法国 Telma 的 F 型缓速器,这也是目前使用最多的一类缓速器(尤其是客车)。其优点是制动力矩范围广(800 ~3 300 N · m),安装、维修方便,旋转的螺旋式散热风道有利于散热等,缺点是凸缘串动时易使转子与定子擦伤。

B 类缓速器安装在变速箱输出端或后桥输入端,结构为一个“叵”字形,即圆桶形的转子包住圆形的定子,气隙为径向分布,典型代表为日本的泽腾缓速器,国产的如特尔佳 R 型、纽曼的 T 型等为同类缓速器。其优点是机构紧凑、质量轻,尺寸小,拆装方便,磁场呈径向分布,从而转子间隙不受轴向窜动的影响,轴向长度小,转子质量轻,对原车的传动系统影响小,所须安装空间小,尤其实用于后悬短、传动轴无法缩短的中型车辆和公交车等。缺点是散热性能不如 A 类,不适合做大转矩的缓速器。

C 类缓速器安装在传动轴中间(如发动机前置的卡车和客车),结构类似 A 类,只是转子和定子用一根花键轴串联为一个整体,出厂时气隙已调试好,装车时整体吊装即可。典型代表是 Telma 的 A 系列等,国产的如锐立已在解放车上选装。其优点是结构紧凑,出厂时就已装配为一个整体。另外,由于其独立支承在车架上,对后桥和变速器基本没有影响。缺点是质量大,制造成本高,只能安装在前置车的传动轴中间,且要定期加黄油,否则会烧毁里面的锥轴承。

1)电涡流缓速器的机械结构

电涡流缓速器的机械结构如图 6-19 所示,由定子总成和转子总成组成,定子总成由多组线圈与铁芯组成,转子总成由前后转子盘通过凸连接构成。

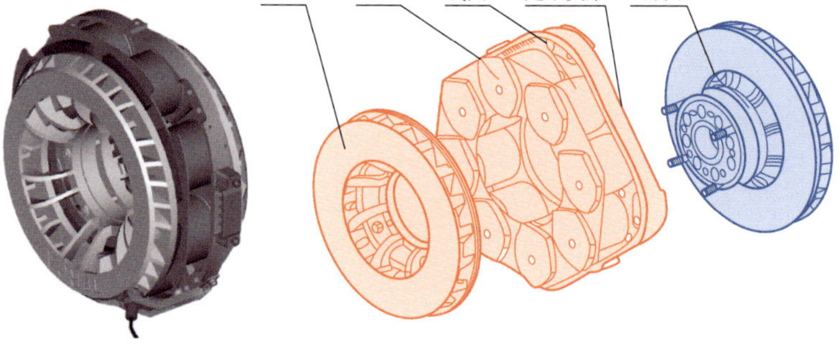

图 6-19　电涡流缓速器的机械结构

2)电涡流缓速器的控制部分

电涡流缓速器电控部分的控制原理图如图 6-20 所示。

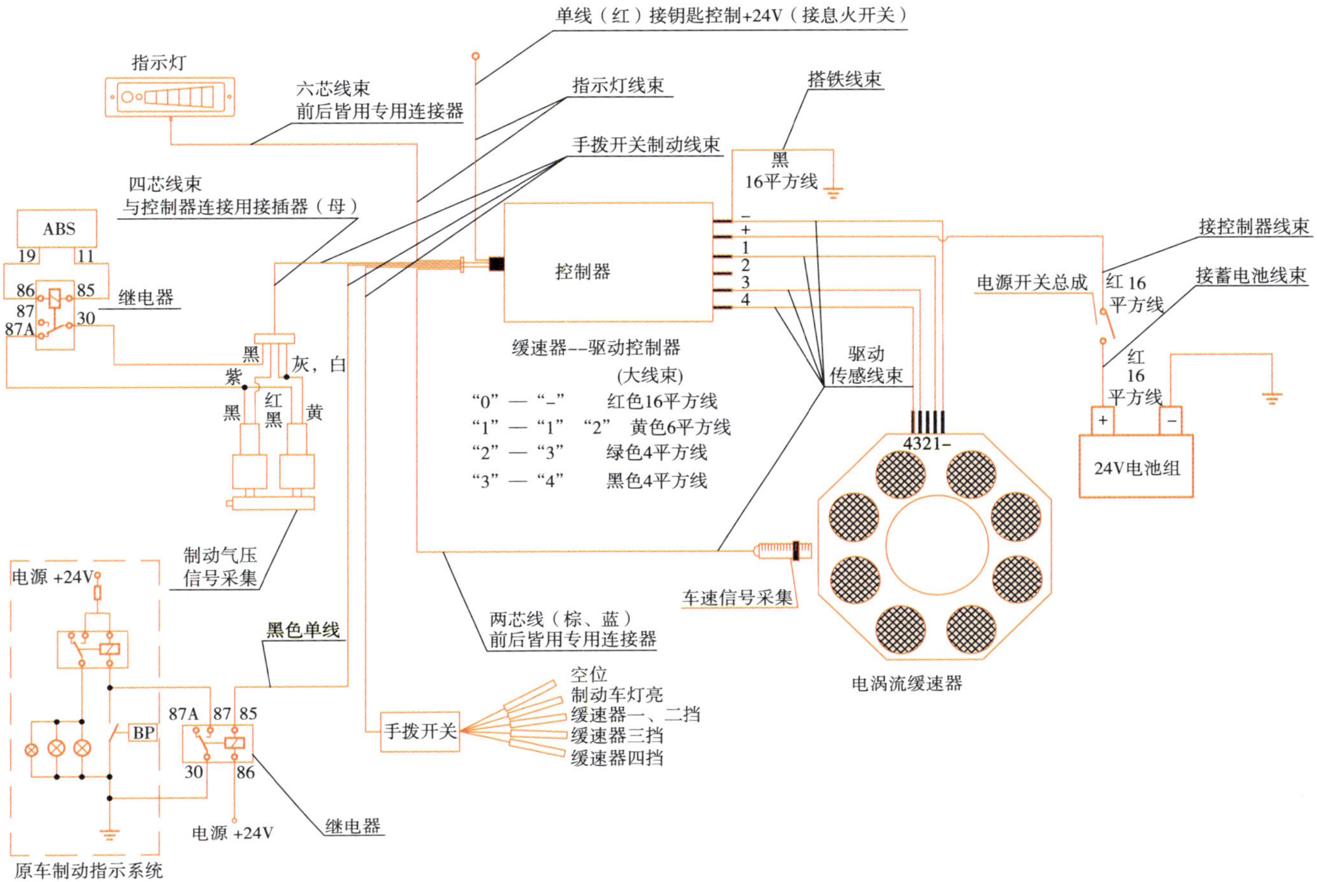

图6-20　电涡流缓速器电控原理图

（1）控制单元。控制单元是电涡流缓速器的控制核心，为无触点式智能模块，主要是收集不同部件的信号，对信号进行处理后，给定子总成相应的工作电流，驱动定子线圈工作。具有过温、过流、过压等自动保护和托刹、开路、短路等检测报警多方面功能。

（2）速度传感器。在电涡流缓速器转子转盘旋转过程中，对速度传感器产生磁场脉冲信号，速度传感器根据该脉冲信号的频率得出车速信息。

（3）手控开关。手控开关安装在驾驶室内转向盘下方或仪表板上，是手动操作电涡流缓速器的控制开关。驾驶人可以通过扳动开关手柄来实现对缓速器的控制。开关手柄共有5个挡位：0挡——无减速作用；1挡——1/4的减速力；2挡——1/2的减速力；3挡——3/4的减速力；4挡——最大的减速力。每次使用电涡流缓速器时，仪表板上的电涡流缓速器工作指示灯会点亮。注意：当停车或不需要使用电涡流缓速器时，必须将开关手柄放回“0”挡位。使用手控开关可以完全脱离制动摩擦片工作的可能性，长期使用可以大大地减少制动摩擦片的磨损，延长制动摩擦片使用寿命，凸显经济性。

（4）气压开关总成（图6-21）。气压开关是与制动气路相连的，采用制动踏板操作电涡流缓速器的控制开关。它由驾驶人根据实际情况来操作，控制单元根据开关通断情况分析并作出相应的工作功率输出。作为脚控方式的重要部件，气压开关总成一端接在制动管路中，气压开关总成上安装有4个压力开关，其内部有常开电气触点。当空气达到压力开关的设定值时，压力开关内的触点就将控制电路接通；当驾驶人踩下制动踏板时，储气筒内压缩空气就通过气制动控制器进入制动管路，而连通在制动管路中的压力开关总成内部的气压也就随之升高，此时安装在压力开关总成上的4个压力开关内部的电气触点在气压作用下就相继导通，控制电路就启动缓速器起减速作用。此时仪表板上缓速器工作指示灯会点亮。驾驶人踩下制动踏板的角度不同，制动管路内部的空气压力也随之变化，由于4个压力开关的压力设定值各不相同，它们导通的个数与驾驶人踩下制动踏板的角度成对应关

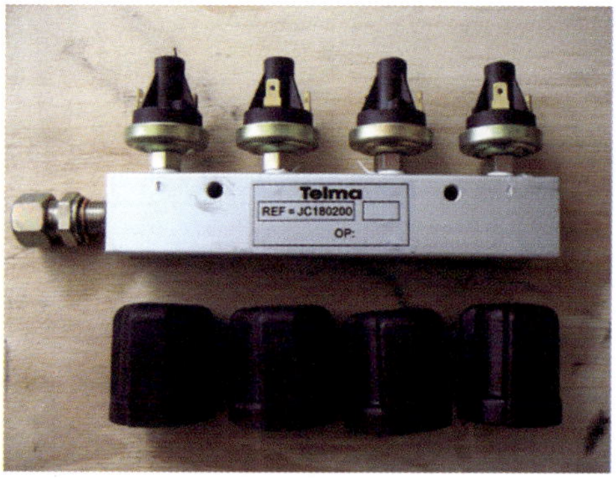

图6-21　气压开关

系。制动踏板踩得越重,压力开关导通的个数就越多,电涡流缓速器的减速阻力就越大。当驾驶人踩下制动踏板,压力开关就先于车轮制动器动作,而车轮制动器制动摩擦片开始动作时,第 3 个压力开关就已经导通了,即缓速器已经在第 3 挡工作了。可见在脚控方式下,电涡流缓速器同样能够减轻车轮制动器的负荷。脚控方式是否起作用还受到车速的控制,当驾驶人踩下制动踏板后,车速将在电涡流缓速器作用下降低,而当车速降低到 3 km/h 以下时,电涡流缓速器控制单元将切断缓速器的供电。这一功能可以在驾驶人踩下制动踏板使车辆临时停车时,避免电涡流缓速器浪费电能。

(5)电源总开关(图 6-22)。电源总开关连接在蓄电池正极和电涡流缓速器控制单元之间,是对电涡流缓速器提供电源的总控制开关。

(6)电涡流缓速器工作指示灯(图 6-23)。电涡流缓速器工作指示灯安装在驾驶室内,向驾驶人显示缓速器的工作情况,还可以由它的亮、灭、闪烁等情况来判断电涡流缓速器的故障。

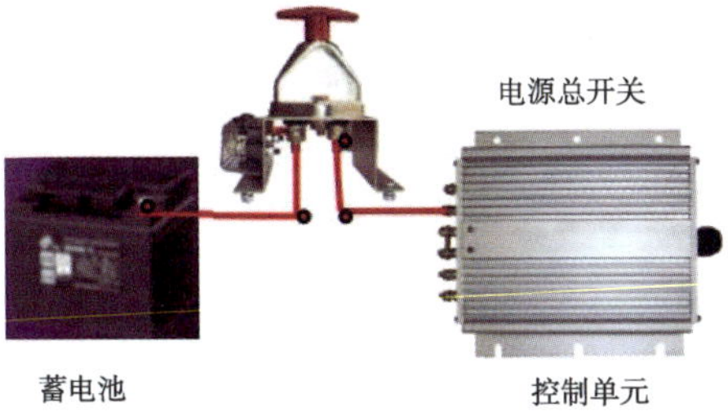

图 6-22　电源总开关

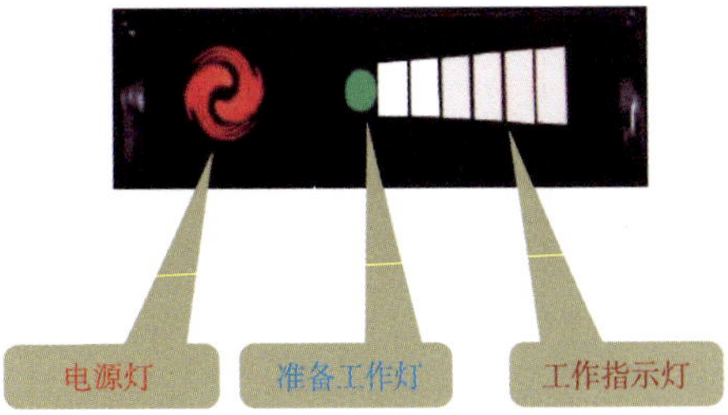

图 6-23　电涡流缓速器工作指示灯

2. 电涡流缓速器的工作原理

下面以泰乐玛公司(Telma)的 F2200 型电涡流缓速器为例来说明缓速器的工作原理。

如图 6-24 所示,Telma F2200 型电涡流缓速器由 1 个带有 16 块电磁铁的定子和 2 个转子盘组成(在定子的两侧各有一个软铁制成的转子盘)。定子固定在车架上,转子盘安装在与定子同心的一根轴上,并与变速器输出轴和传动轴相连,其转速与传动轴相同。定子的电磁铁被电流触发后,转子旋转,产生制动力矩。道理很简单,转子不转动,不会切割磁力线,也就不会产生电涡流,就不会产生阻力矩。所以缓速器无任何可导致磨损的摩擦片或摩擦面。

(1)磁场的形成。如图 6-25 所示,定子上有 4 组磁感应电枢,每个铁芯上有

2 个线圈，当线圈中有持续电流通过时，产生磁场。由于相邻组线圈极性刚好相反，形成由极柱 1→间隙 1→转子 1→间隙 2→极柱 2→间隙 3→转子 2→间隙 4→极柱 1 闭合磁力线回路。电枢的两端有两块极板，为增加制动力矩，电枢分为前后两半。

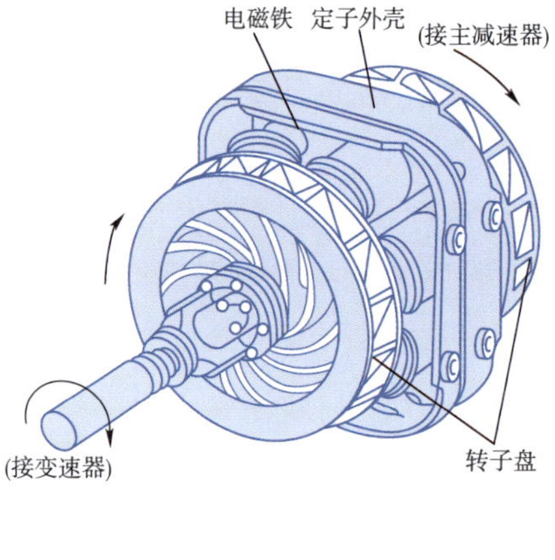

图 6-24　电涡流缓速器

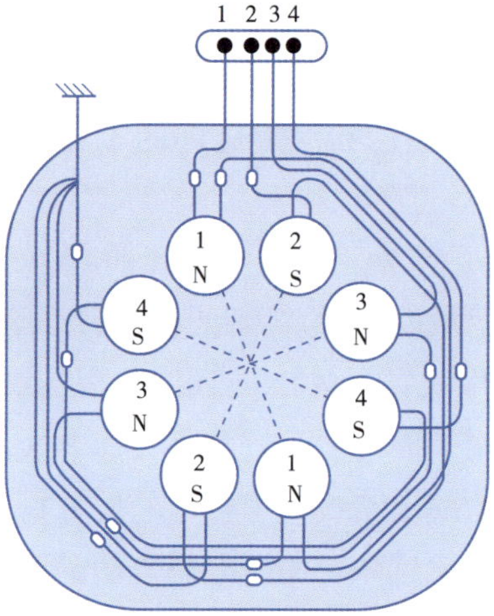

图 6-25　定子电路

（2）电涡流的形成。根据电磁感应理论，当穿过闭合导线回路所包围的面积的磁通量发生变化时，在导线回路中将产生感应电流。缓速器的转子从表面看不是一个闭合导线，但从微观角度，可以将它看成是一个由无数个闭合导线构成的集合体。这样，当转子转动时，其内部无数个闭合导线所包围的面积内的磁通量就发生变化，从而在转子内部产生无数段磁感应电流，这种电流称之为电涡流。

（3）反向扭矩的形成。电涡流的作用有两个方面：一方面，这些涡流在具有一定电阻的转子内部流动时，会产生热效应而导致转子发热，这样，车辆的动能就通过感应电流转化为热能；另一方面，电涡流会产生新的磁场，根据楞次定律，闭合导线回路中所产生的感应电流总是使它自己所产生的磁场反抗任何引起电磁感应的变化，简单地说，就是转子内部电涡流所产生的新的磁场与定子线圈产生的磁场相互作用，而阻止、反抗转子的转动，这些就形成了迫使车辆减速的制动力矩。Temla F2200 型缓速器定子的 16 块电磁铁分为 4 个独立的电路，每个电路有 4 块电磁铁，前后转子盘上各作用 2 块电磁铁。定子的 4 个电路如图 6-

25 所示。4 个独立的电路即可把缓速器的工作分成 4 个阶段：第 1 阶段只有 1 电路通电；第 2 阶段，1、2 电路通电；第 3 阶段，1、2、3 电路通电；第 4 阶段：1、2、3、4 电路都通电。

3. 电涡流缓速器的维护

1）电涡流缓速器的日常维护

电涡流缓速器的日常维护能够减少零部件的非正常损坏，降低缓速器故障率，使缓速器保持良好的工作状态。电涡流缓速器的日常维护主要有以下项目。

（1）定期清洗。电涡流缓速器工作时将车辆行驶的动能转化为热能，通过转子盘散发热量。因此，保持转子表面及散热通道的清洁是电涡流缓速器日常维护的一个重要工作；同时电涡流缓速器在工作时励磁线圈本身也会产生热量，若线圈表面的泥污较多则会影响线圈的散热，可能使线圈烧坏。在泥泞道路、冬季撒盐的道路或粉尘较多的地方行驶后应及时清洗电涡流缓速器。清洗电涡流缓速器时首先要关闭电涡流缓速器电源总开关，同时应在电涡流缓速器转子冷却以后进行，否则在转子高温时清洗，会导致转子变形等损坏。电涡流缓速器转子可用高压水枪冲洗，而线圈及电器接头只能用低压水枪清洗。在清洗时不能使用腐蚀性清洗剂。

（2）检查安装电涡流缓速器的变速器或后桥是否漏油，若漏油要及时修理。

（3）检查电涡流缓速器的安装螺栓是否松动，若松动，应及时按规定力矩重新拧紧，否则可能造成电涡流缓速器转子和定子摩擦。

（4）检查电涡流缓速器转子的轴向窜动。由于电涡流缓速器转子和定子之间只有 1.5 mm 左右的间隙，若安装电涡流缓速器的变速器或后桥窜动量过大，很容易造成转子和定子之间的摩擦，使电涡流缓速器损坏。电涡流缓速器轴向窜动的检查方法是用螺丝刀或撬棍插入电涡流缓速器转子和定子之间的气隙中，并用力撬动，如果感觉电涡流缓速器轴向窜动较大，要尽快维修变速器或后桥。

（5）检查电涡流缓速器线束连接器是否接触良好，若松动应重新插接或拧紧螺栓。

（6）检查电涡流缓速器线束绝缘及电涡流缓速器周围的线束隔热防护是否破坏。

2)电涡流缓速器的二级维护

(1)电涡流缓速器机械部分二级维护(含一级维护)内容如表6-4所列。

电涡流缓速器机械部分二级维护内容 表6-4

维护内容	规范要求	检查调整方法
定子、转子间隙是否正常	0.8~1.2 mm	目测检查定子和转子是否摩擦,发现摩擦更换配件
速度传感器与转盘的间隙是否正常	2.5~3 mm	发现间隙不正确,查明原因,松开传感器头固定螺母,调整间隙
传动轴与突缘连接螺栓紧固度;传动轴注油	传动轴与突缘连接螺栓无松动情况;传动轴花键润滑良好	检查传动轴与突缘连接螺栓是否松动,给传动轴注油(必须见到有新油溢出)
突缘窜动量;突缘锁紧螺栓或螺母松动情况	电涡流缓速器突缘轴向窜动量不大于0.3 mm	用撬棒撬转子,检查变速器(或后桥)突缘与定子的窜动量是否在规定范围内。发现间隙过大或锁紧螺栓(螺母)松动,应拆检、调整、紧固或更换相应损坏件
变速器与后桥是否漏油	严禁壳体螺栓松动、漏油,油封漏油运行	目视检查变速器壳体与端盖的接合部;更换油封;对定子、转子上的油污进行清洗
定子外壳、固定螺栓;转子加强筋、转子固定螺栓	定子外壳应无裂痕、转子连接筋应无损伤裂纹;各固定螺栓应无松动	目视检查,发现异常更换损坏零件,按规定扭矩紧固固定螺栓

(2)电涡流缓速器电气部分二级维护(含一级维护)内容如表6-5所列。

电涡流缓速器电气部分二级维护内容 表6-5

维护内容	规范要求	处理方法
控制单元各接线柱上的螺栓是否紧固,各连接线绑扎是否牢固	接线柱螺栓应无松动,连接线绑扎应牢固	按规定紧固接线柱连接螺栓,重新扎线并可靠固定
定子线圈是否松动,各接线柱上的螺栓是否紧固	定子线圈和各接线柱上的螺栓应紧固可靠	定子线圈若松动则维修定子;接线柱螺栓若松动则按规定扭矩紧固
速度传感器间隙是否正常,支架固定紧固螺栓是否紧固	速度传感器间隙应符合车型技术要求,支架固定紧固螺栓应紧固	按车型技术要求调整速度传感器间隙,按规定扭矩紧固支架固定螺栓

续上表

维护内容	规范要求	处理方法
压力传感器内部有无水分	拆卸压力传感器检查，内部应无水分	排干水分
各线束连接是否可靠	电源线束各连接部分应紧固，接触应良好	清理接线柱、紧固螺栓
	驱动线束绑扎应牢固，应无松动、磨损现象	重新捆扎、换件
	驱动线束与定子的固定卡应无松动	按规定紧固
	驱动线束与车架的固定卡位应无松动	重新捆扎
	各线束捆扎应牢靠	重新捆扎

3）电涡流缓速器常规维护项目

电涡流缓速器常规维护项目见表6-6所列。

电涡流缓速器常规维护项目表 表6-6

机械部分维护		4 000 km	15 000 km	40 000 km
检查定子/转子间隙是否正常		√	√	√
检查变速器或后桥突缘锁紧螺栓（锁紧螺母）是否松动		√	√	√
检查并紧固传动轴螺栓		√	√	√
检查变速器或后桥油封是否漏油			√	√
检查辅助支撑装置（如有安装）			√	
固定支架、定子外壳、转盘是否有裂纹或损伤				√
电气部分维护		4 000 km	15 000 km	40 000 km
检查线束是否有磨损		√	√	√
紧固接线柱和检查插接件		√	√	√
检查驱动控制器	运行状况	√	√	√
	接触状况	√	√	√
	紧固接线柱	√	√	√
检查气压开关运行状况		√	√	√
手柄、指示灯、踏板运行状况			√	√

4)电涡流缓速器主要检查维护项目操作方法

(1)检查电涡流缓速器的轴向窜动。用塞尺检查电涡流缓速器4个角定子和转子之间的间隙(图6-26),如果各处间隙不均匀,则检查定子固定支架螺栓是否松动,转子是否变形;检查变速器(后桥)输出凸缘是否松动,用大螺丝刀或撬棍插入电涡流缓速器转子和定子之间的间隙中,用力撬动,如果感觉转子有轴向窜动,则需查明原因并加以解决,否则会导致定、转子磨损;检查定子固定支架是否松动,如松动则按规定力矩紧固支架固定螺栓;检查凸缘固定螺栓(大螺母)是否松动,如松动则拆下电涡流缓速器紧固固定螺栓(大螺母);检查凸缘是否过度磨损,如过度磨损则更换凸缘;检查变速器主轴的后轴承是否磨损,或者轴承的轴向定位间隙是否适当,如有异常则更换后轴承,或重新调整轴向定位间隙。

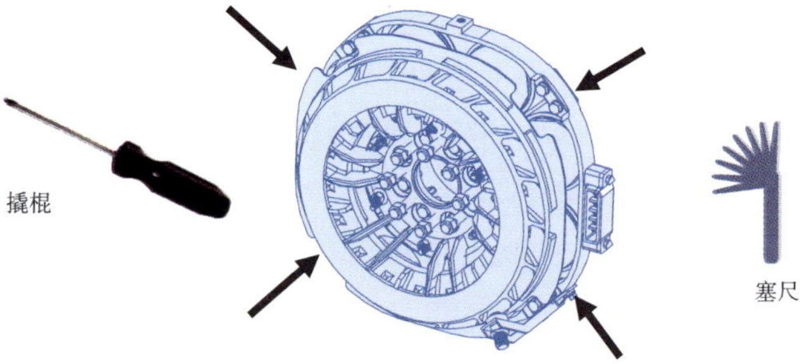

图6-26　检查电涡流缓速器的轴向窜动

(2)检查速度传感器间隙。检查速度传感器与转子之间的间隙是否合适(3~5mm),如果间隙不当,就松开速度传感器紧固铜螺母(图6-27),调整完毕后重新上紧。

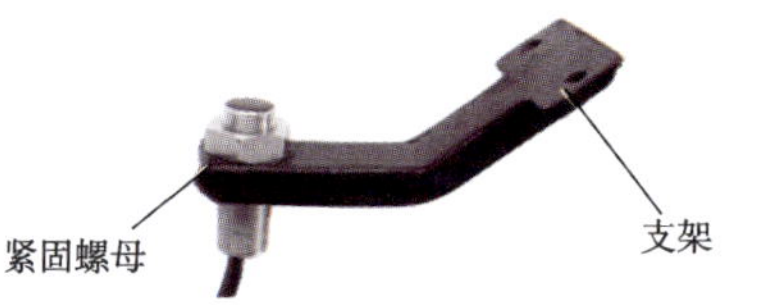

图6-27　速度传感器紧固铜螺母和支架

(3)检查变速器输出端(后桥输入端),看有无漏油现象,如果漏油,则需更换油封。

(4)检查电涡流缓速器的搭铁线、驱动线是否接触良好,如有松动,必须将其紧固牢靠。

(5)检查电涡流缓速器的线束有无磨损,各连接插头是否牢固,气压开关、控制单元、速度传感器支架是否松动。

(三)液力式缓速器

比较著名的液力缓速器厂商有德国福伊特(VOITH)公司、陕西法士特公司和深圳特尔佳公司等。

1. 液力式缓速器基本结构

液力缓速器结构大致相同，以 VOITH 液力式缓速器为例(图 6-28)，它由转子、定子、工作腔、输入轴、热交换器、储油箱和壳体组成。其安装方式一般分为与传动轴串联和并联两种。串联时可在变速器前、后安装；如果采取并联，则缓速器和变速器做成一个整体来安装。对于装有带液力变矩器的自动变速器车辆来说，原自动变速器系统已配备了储油罐、油泵和散热器等部件，因此，在配有自动变速器的客车和载货汽车上安装液力缓速器成本更低。

2. 液力式缓速器工作原理

缓速器的工作原理是缓速器转子随变速器输出轴转动，而定子不动。当缓速器内没有油时，转子空转，没有减速作用。如图 6-29 所示，液力式缓速器工作时，压缩空气经电磁阀进入储油箱，将储油箱内的变速器油经油路压进缓速器内，缓速器开始工作。当缓速器内充有油时，随输出轴转动的转子作用于油液一个动量矩，带动油液绕轴旋转；同时，油液沿叶片运动作内循环圆旋转，甩向导轮。同时，固定的导轮叶片也对油液产生一个反向作用的动量矩。油液流出导轮再流入转子时，形成对转子的阻力矩，阻碍转子的转动，从而实现对车辆的减速作用。转子转动的能量经油液的阻尼作用转变成热量，通过散热器散发到空气中，因此液力减速是通过固定的定子充分利用油液对叶轮转子的反作用力实现的，这种反作用力矩本质上是油液的阻尼作用，此种作用是连续平顺的，再加上减速力矩作用于变速器输出轴，不会造成制动器抱死，所以，车辆在行车制动时，制动冲击大幅降低。

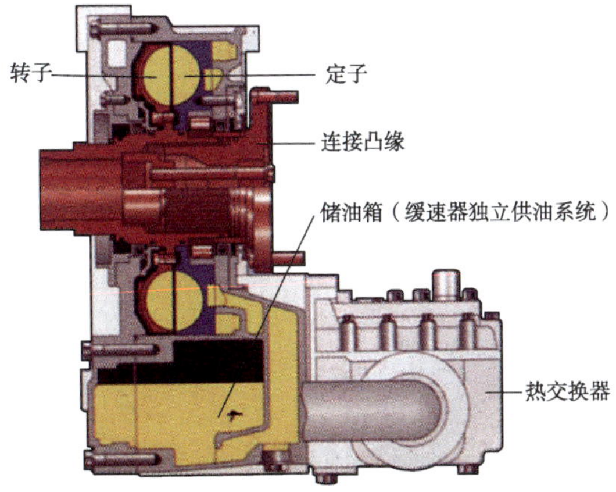

图 6-28　VOITH 液力式缓速器结构

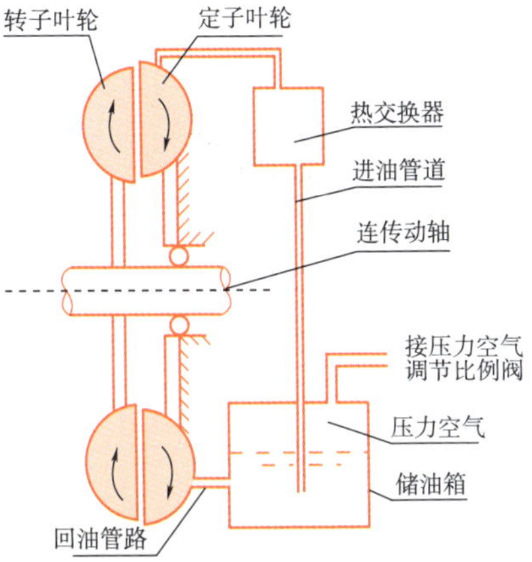

图 6-29　液力式缓速器工作原理

3. 液力式缓速器制动力矩的控制

液力式缓速器的控制调节方式可以分为挡位调节模式与制动力矩可以连续变化的调节模式两种。

(1)挡位调节模式。挡位调节模式一般又分为手动操纵模式和车辆制动系联动操纵模式。手动操作模式下一般按制动力矩大小排成1~5挡,每个挡位充入缓速器的油液,由安装在制动管路上的压力传感器提供的压缩空气的压力信号决定,从而控制进入缓速器的油液质量,以达到控制制动力矩的目的。每个挡位都能够维持一定的缓速强度,可实现汽车在坡路上等速行驶。

(2)制动力矩连续变化的调节模式。制动力矩连续变化的调节模式的控制方式是利用安装在制动踏板下的制动量位置传感器采集得到制动量信号。该制动量位置传感器是一个可变电阻,当制动踏板位置改变时,可变电阻的阻值也发生变化,则得到一个变化电压值反映出制动量的变化;再根据制动量大小和车速大小由电控单元发出脉宽调制信号来控制电液比例阀的电压,进而控制比例调速阀出口开度来控制流入缓速器的液体的质量。当制动过程结束时,电控单元控制回油泵迅速回油,从而通过这种控制方式达到控制液力缓速力矩的目的。

4. 液力缓速器存在的主要问题

传统的液力缓速器出现较早,但存在着一些不易解决的问题:

(1)根据不同的状况缓速器的制动强度要求不同,需要调整缓速器中工作液的注入量,在一定程度上使缓速器的控制比较复杂,这也造成了缓速器结构的复杂。

(2)为保证良好的制动效果,缓速器的定子与转子叶片曲面设计复杂,加工装配困难。

(3)随着缓速器工作温度的上升,工作液的黏度下降,缓速器的制动强度因而会有一定程度的下降。

(4)由于制动力的大小与车速成正比,所以其低速性能非常不好。

二、发动机制动器

发动机制动器(也称发动机缓速器)是利用发动机来吸收汽车的运动能量的,通过发动机制动器形成新的排气门运动规律,使发动机暂时转变为空气压缩机，不断向外排出高温高压气体，从而消耗来自车辆的能量，阻止车辆运动，达到减速的目的。发动机制动器具有以下优点：

(1)成本很低，质量轻。发动机制动器是利用发动机本身已具有的零件来产生缓速力的，物尽其用。质量仅约为 7 kg，消耗资源少，不会额外消耗燃油。

(2)下坡时不停吸收来自汽车的下坡能量而维持发动机冷却液温度，使发动机恒温避免产生热胀冷缩和发生穴蚀。

(3)不需考虑散热问题，因为发动机自带散热系统。

(4)在用车改装简单易行。

(5)可靠性高、维修性好。因为结构简单、零件数目很少，即使损坏，只需关闭电源即可，不影响汽车的正常运行。

但是，发动机制动器也具有以下缺点：制动能力受发动机排量限值，不能无限放大；需要驾驶人选择合理的变速器挡位，使发动机在高转速下运转才能获得良好减速效果，这不便于驾驶人操作，也导致驾驶人不易接受。

1. 发动机制动器的类型和基本原理

1)排气碟阀制动

排气碟阀制动俗称“排气刹”，安装在发动机的排气管路上，是一个碟阀，由压缩空气驱动。当其工作时，碟阀处于关闭状态，使得发动机排气不畅，从而导致发动机的运转阻力增加。如图 6-30 所示，在不改变排气门运动规律的基础上，在排气行程时，排气碟阀关闭，在排气管内建立一个压力 P_1，此压力通常约 300 kPa，此压力用来阻挡活塞上行而使发动机产生阻力，通常能在额定转速时可产生约有 11 kW/L 的制动功率。此压力对具体的发动机来讲有一个最高限制，超过限制就会导致关闭的排气门产生“反跳”而损坏发动机。

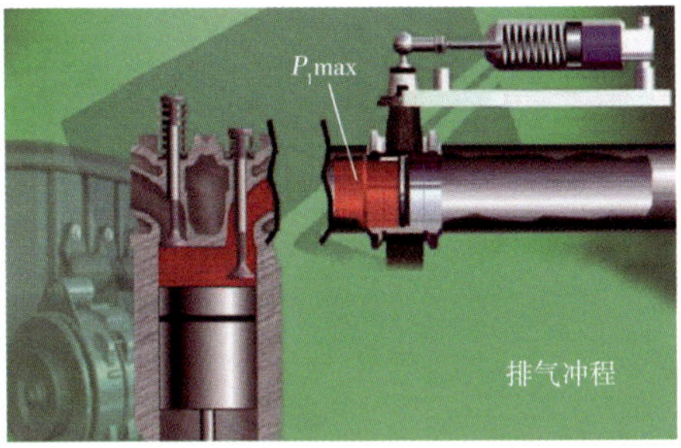

图 6-30　排气碟阀制动

虽然排气碟阀制动安装简单并极易实施，但排气制动并不适合目前国内的大部分发动机，排气管内的高压力气体很容易把处于关闭状态的排气门吹开，俗称气门反跳。气门反跳完毕在不受凸轮的控制下而落座和气门座圈产生冲击，从而导致很快损坏。并且其辅助制动力明显偏低。虽然很多商用汽车出厂都安装有碟阀，但绝大部分驾驶人是不用的。

2）缓释制动

缓释制动是在不改变发动机进气、做功、排气3个行程的基础上，如图6-31所示，设计一个机构让排气门在整个压缩冲程中都保持一个开度，这和单缸柴油机的起动减压装置类似，所以也有人称为减压制动。在压缩冲程时，活塞顶上就建立一个空气压力P_2，由于空气是一边被压缩一边在释放，因此到做功冲程时就没有能量返回活塞，从而产生泵气损失而使发动机产生阻力。其制动能力和排气碟阀的制动能力接近。由于汽缸内的气体是缓慢释放出汽缸的，这样所产生的噪声就小，所以称之为缓释制动。

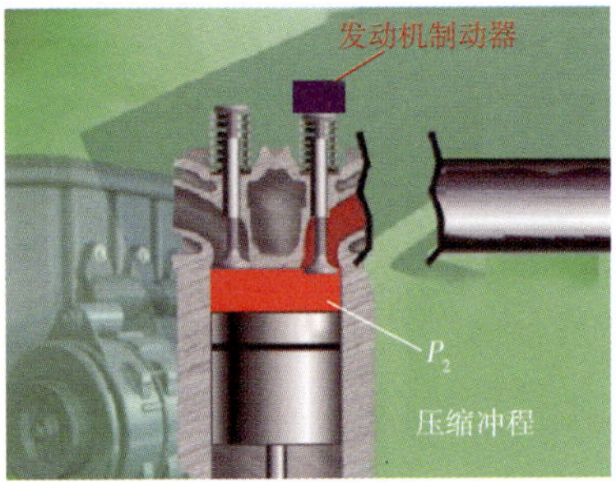

图6-31　缓释制动

3）压缩制动

如图6-32所示，在压缩冲程终了前（大致在喷油时刻），设计一个机构强制把排气门打开，让汽缸内的高温、高压力气体排出汽缸。由于汽缸内的气体是充分吸收来自曲轴的能量后才排出汽缸的，因此可获得最大的制动效果，通常能在额定转速时可产生14～17 kW/l的制动功率，但是，高压力的气体猛然排出汽缸，会产生高压力的激波，并损伤贵重的涡轮增压器，涡轮增压器在脉冲激波的作用下，涡轮和轴都容易损坏，并且发动机还会产生噪声，噪声是排气碟阀制动、缸内排气制动的数倍。另外，国内现有发动机很难实现压缩制动，在打开气门时由于汽缸内压力很高（约4 000 kPa），这需要很大的驱动能量，而现有发动机上找不到一个合适的动力源。

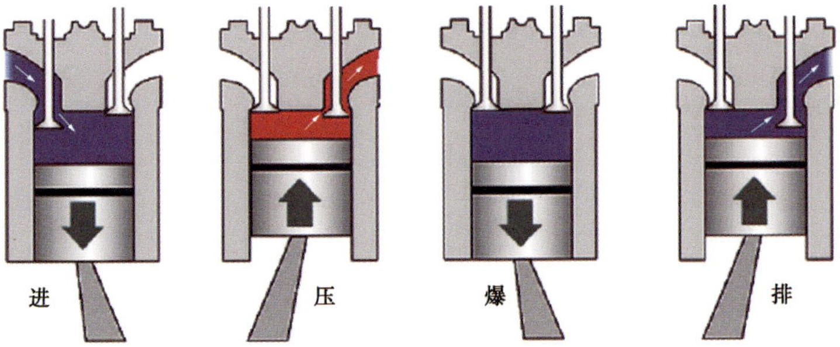

图6-32　压缩制动

4）VVEB 发动机制动器

上述 3 类技术单独使用的制动效果都不是很好，一般都采取组合的办法，让发动机在压缩行程、排气行程都产生阻力，即：

排气碟阀制动 + 缓释制动，在额定转速时可产生 16 ~ 19 kW/l 的制动功率。

排气碟阀制动 + 压缩制动，在额定转速时可产生 18 ~ 22 kW/l 的制动功率。

由于压缩制动需要很大的动力源来驱动排气门打开，因此在现有发动机上很难实现。因此国内主要以排气碟阀制动 + 缓释制动的技术形式出现，尤其是应用在客车上。

VVEB 发动机制动器就是采用排气碟阀制动 + 缸内排气制动的技术方案。VVEB 是英文“Variable Valve Engine Brake”的缩写。如图 6-33 所示，VVEB 控制排气门在进气、压缩、做功 3 个行程都打开一 个开度，这样在压缩行程时，汽缸内的气体就会在活塞的压缩下节流释放，产生一次泵气损失；在排气行程时，排气门在凸轮的推动下的开度加大了，因此无法节流，但可以关闭排气碟阀再产生一次泵气损失。通过试验，这两次泵气损失很大，排气管内的温度甚至可达到 500 ℃，可让发动机发出很大的制动功率。

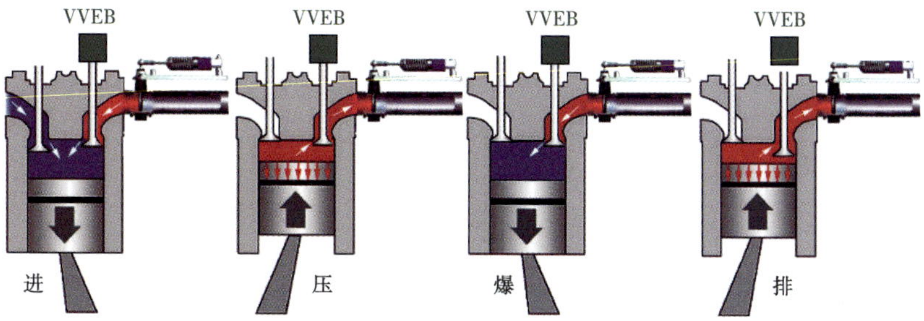

图 6-33　排气碟阀制动 + 缓释制动

VVEB 发动机制动器的结构原理如图 6-34 所示，在车辆的运行中，给电磁阀 11 通电，发动机的压力机油便从进油道 12 通过电磁阀 11、供油道 14 而供给液压活塞总成 9，当排气摇臂 15 在凸轮的驱动下向下打开排气门 1 时，压力机油便推动驱动活塞 2 向下定量的伸出。发动机继续运转，在排气门 1 的关闭过程中，伸出的驱动活塞会阻挡干涉排气摇臂 15，使排气门 1 不能完全关闭，而形成一个开度。就是用这个开度在压缩行程时来减压放气，形成制动力的。

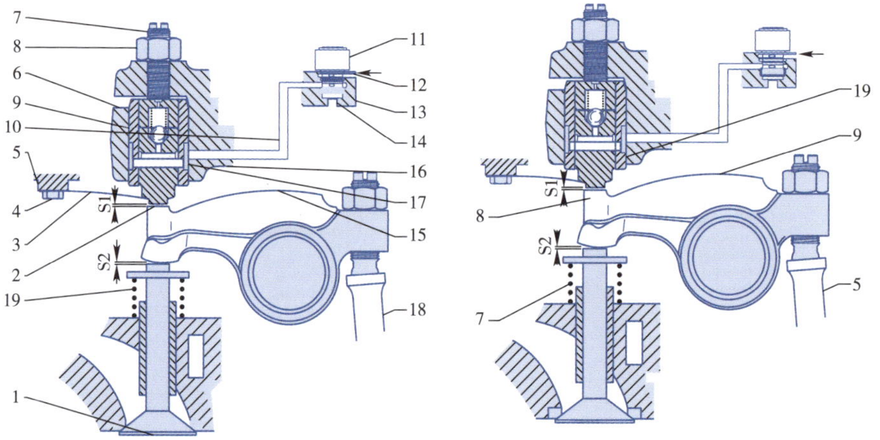

图 6-34　VVEB 发动机制动器结构原理

1-排气门;2-驱动活塞;3-弹簧片;4-固定螺栓;5-汽缸盖;6-发动机制动器支架;7-调整螺钉;8-锁紧螺母;9-制动器液压活塞总成;10-机油道;11-电磁阀;12-进油道;13-发动机缓速器支架;14-供油道;15-排气摇臂;16-发动机制动器支架;17-发动机制动器进油口;18-推杆;19-气门弹簧;气门座

VVEB 发动机制动器不但质量轻、体积小,而且价格便宜,加装简单易行,因此具有极高的实用性。其对发动机有极强的适应能力,基本上不要求发动机作改动,只需考虑与发动机的安装接口问题和供给发动机制动器压力机油的问题。在国内经济还不是很发达的情况下,推广使用 VVEB 发动机制动器成为一条可行的路线。玉柴 YC6L 发动机便采用这种机构的发动机制动器(图 6-35)。

图 6-35　玉柴 YC6L 发动机制动器

5)锡柴 CA6DL 发动机制动器的结构原理

锡柴 CA6DL 发动机制动器采用 bleeder 技术设计,属于缓释制动,结构原理如图 6-36 所示。给电磁阀断电,发动机的压力机油被电磁阀截断,同时电磁阀将控制阀底部的机油释放掉。控制阀在弹簧的作用下落座,打开高压油道泄油,工作活塞在弹簧的作用下向上退回，脱开和排气门的接触，发动机恢复到正常的做功运转状态。

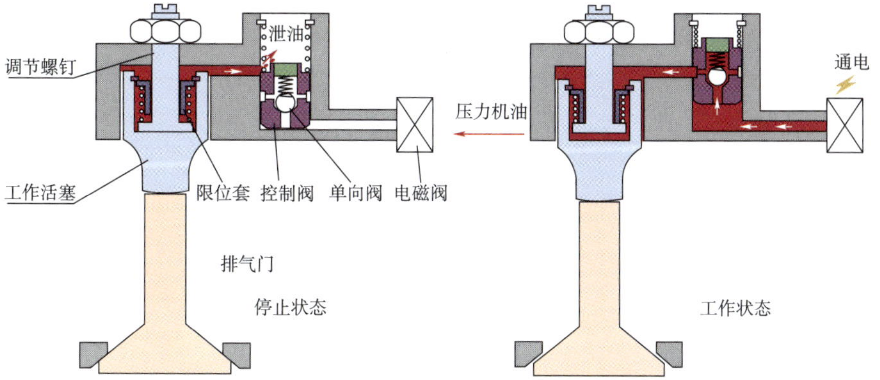

图 6-36　锡柴 CA6DL 发动机制动器结构原理

给电磁阀通电，电磁阀将发动机的压力机油送向控制阀底部，机油压力将控制阀抬起，在接通高压油道后，压力机油冲开控制阀内部的单向阀而流向工作活塞。当排气门在摇臂的驱动下向下打开时，压力机油驱动工作活塞在限位套的限位下定量伸出。当排气门关闭时，伸出的工作活塞将阻挡排气门关闭，让排气门形成一定的开度，此开度在压缩冲程时将释放掉汽缸内的压缩气体而让发动机产生阻力。

2. 玉柴 YC6L 发动机制动器的检查维护

1）发动机制动器间隙调整方法

发动机制动器拆卸再次安装后，必须对发动机制动器间隙进行调整。另外，在每次调整气门间隙时也必须对发动机制动器间隙进行调整。方法如下：

（1）转动发动机到能调整排气门间隙的位置，调整好排气门间隙后立即调整此缸的发动机制动器间隙。通常可调整 3 个缸（1、3、5 或 2、4、6），然后转动发动机 1 圈再调整其余缸的排气门间隙和发动机制动器间隙。注意：只有当排气门处于完全关闭状态才可进行调整发动机制动器间隙。

（2）如图 6-37 所示，向上退出调整螺钉，并向上拨动发动机制动器活塞，然后在发动机制动器活塞和气门帽之间插入规定值的厚薄规（可在发动机制动器铭牌或发动机制动器支架上的标识区域找到正确的制动器间隙值）。当发动机制动器活塞接触到厚薄规时，顺时针转动调整螺钉 1 圈，约 5 s 后退出调整螺钉调整发动机制动器间隙。

注意：必须让发动机制动器活塞顶住气门帽的时间长一点，以完全排出发动机制动器活塞内部的机油；向上拨动发动机制动器活塞时，应防止损伤弹簧片，弹簧片损坏将导致发动机制动器无法正常工作，甚至损坏发动机和发动机制动器；必须按发动机制动器规范调整制动器间隙，否则，发动机制动器的性能将下降，甚至损坏发动机和发动机制动器。

(3)锁紧调整螺钉，锁紧螺母的拧紧力矩为60～70 N·m。

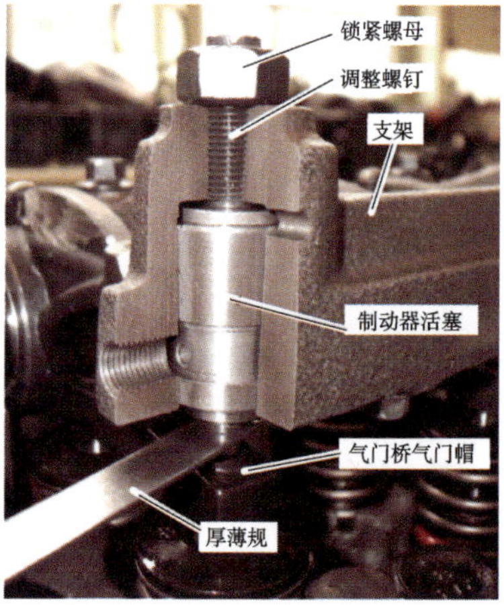

图6-37　发动机制动器间隙的调整

2)液压活塞总成清洗方法

(1)将取出泄油销后的液压活塞总成全部浸入干净的汽油或煤油中。

(2)如图6-38所示，反复推动液压活塞的头部，让汽油或煤油从泄油销孔反复吸入和挤出，对液压活塞内部进行清洗。注意：运动不灵活的液压活塞总成须予以更换；各工作部位出现异常磨损的须予以更换。

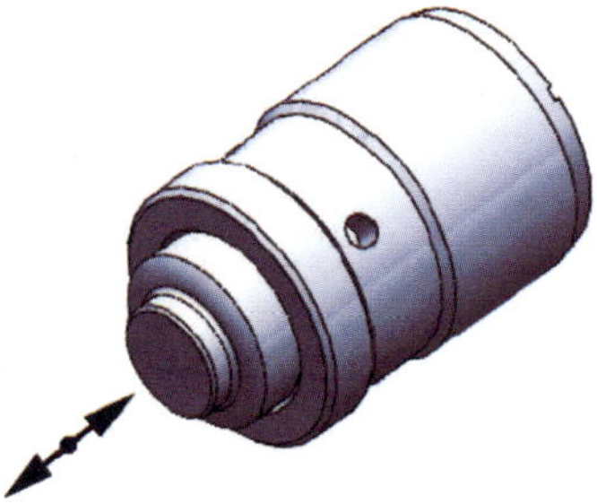
图6-38　液压活塞总成的清洗

3)发动机制动器不工作的检查步骤

(1)检测发动机机油压力。当机油压力超过750kPa时，发动机制动器的电磁阀将打不开，会导致制动器不工作。

(2)测量制动器电磁阀电阻。断开钥匙点火开关，脱开电磁阀的外部通电导线，测量电磁阀的电阻值。发动机制动器因发动机不同，布置电磁阀的数量有所不同，通常情况下各电磁阀是并联工作的。电磁阀并联后，从线束上测试的电阻值见表6-7所列。

电磁阀并联后从线束上测试的电阻值　　表6-7

电磁阀数量	25℃时的电阻，Ω	100℃时的电阻，Ω	适用发动机系列
单电磁阀	50±2	约60	YC6M(一缸一盖)
双电磁阀	25±1	约30	YC6K10、YC6L、YC6A、YC6J、YC6G、YC4G、YC4E、YC4D、YC4F
6只电磁阀	8.5±0.5	约10	YC6T

(3)打开发动机汽缸盖罩盖,脱开内部连接导线后,用万用表 Ω 挡测量电磁阀接线柱间的电阻,正常阻值见表 6-7 所列。电阻值不正常或断路应予以更换。检查内部导线是否存在短路、断路、绝缘层破损、接线端子脱落等现象或趋势。

(4)检查电磁阀的供电线路。发动机制动器的电源取自于车辆点火开关后的某个一个接线柱,接通点火开关时,发动机制动器的控制系统即和电源接通。该电路上安装有 5A 的熔丝或熔断器,之后,将电路与电源开关、离合器开关、油门开关、制动力选择开关串联后通向发动机制动器电磁阀。电路检查步骤如下:

①检查车辆电源。使用万用表 V 挡检查系统电压,应为 24～28 V。

②检查熔断器。如果熔断器损坏,先确定损坏原因,如有短路需处理后才可予以更换。

③检查控制开关。使用万用表 V 挡检查电源开关、加速踏板开关、离合器开关和制动力选择开关,观察其开关闭合后各开关的电压降。如果电压降大于 0.4 V/每个,则需要更换开关;检查开关安装是否正确。电源开关是一个二位置的开关,用手操作,布置在驾驶室仪表板上面或者是设计在转向盘下面的一个拨杆开关。检查其是否正确工作。加速踏板开关可能安装在燃油泵的加速踏板臂上,也可能安装在加速踏板上,其作用是当加速踏板处于怠速位置时将加速踏板开关接通。可通过移动加速踏板来确定加速踏板开关是否正确地工作,一般情况下,踩下加速踏板约 10 mm 时,加速踏板开关断开。如果加速踏板开关安装在加速踏板上,应将加速踏板移动到最大位置,在移动过程中加速踏板开关不应接通。离合器开关安装在离合器踏板臂附近,踩下离合器踏板约 10mm,离合器开关将断开。可通过移动离合器踏板来检查离合器开关的安装情况。制动力选择开关安装在驾驶室仪表板上面,与电源开关并排。不同的车辆制造商可能使用不同的开关,但其功能是相同的,即在"低"位时将电流导向发动机制动器,在"高"位时将电流同时导向发动机制动器和排气碟阀。

④检查线束。检查线束是否存在短路或短路的倾向。更换所有已断、老化、破碎、烧焦和烧熔的导线。推荐在导线外安装高质量的保护套。接线端子必须可靠地连接到导线上;接线端子必须牢固地连接到接头上;线束或线束护套不得与运动零件接触,比如加速踏板拉杆、离合器或变速箱操纵杆等;线束或线束护

套不得靠近发动机高温零件，比如排气管或增压器壳体；导线必须以规则的线夹捆扎，以确保其安全。

（5）检查发动机制动器供油管路是否通畅和泄漏。由于各型发动机结构不同，发动机向发动机制动器供油的管路会不同。供油管路一般不会出现问题，但必要检查。发动机制动器液压活塞内部的进油单向阀的打开压力须在180kPa以上，过低的机油压力不能打开进油单向阀而导致发动机制动器不工作。检查油路中各连接接头或输油螺栓是否正确紧固，如果发生松脱时予以紧固即可；检查各输油管是否破裂或异物堵塞；检查输油管各密封圈是否破损而漏油。

（6）检查制动器支架油路。检查良马发动机制动器壳体上的螺塞是否松脱和泄漏。如果有松脱和泄漏，则予以重新涂密封胶并拧紧；检查支架油道是否破裂，若破裂则应更换。

（7）检查电磁阀。拆下电磁阀，用一根小棍压住钢球，如图6-39所示，给两个接线柱反复通24V直流电源。通电时钢球应该被顶出，断电后钢球应该被小棍顶回。在钢球被顶出和顶回的过程中，电磁阀内部运动系零件应很灵活，如存在严重卡滞现象则更换电磁阀。注意：轻微的卡滞是允许的。

（8）检查排气摇臂的接触平台（图6-40）是否磨损。YC6A等二气门发动机与发动机制动器活塞接触的部位在摇臂的接触平台上，应该平整，如果出现大于0.2mm的凹坑，则应更换排气摇臂。YC6M、YC6L等四气门发动机与发动机制动器活塞接触的部位在气门帽上，气门帽如果发生变形或异常磨损则予以更换。

图6-39　检查电磁阀

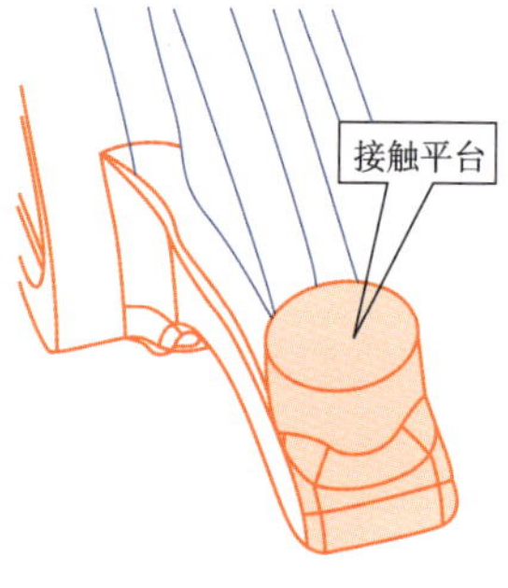

图6-40　排气摇臂接触平台

（9）拆检液压活塞总成。拆下发动机制动器，如图6-41所示，松开锁紧螺母，旋出调整螺钉，检查螺钉和与垫片接触的头部有无变形；检查螺纹是否变形，如果变形则予以更换；松开弹簧片的紧固螺栓，拆下弹簧片，检查弹簧片是否存在裂纹和变形，弹簧片叉口端变形翘曲大于 2 mm 时，或存在裂纹必须更换弹簧片。弹簧片和液压活塞接触部位的任何磨损都可接受，除非不能接触到液压活塞的止推台阶。取出液压活塞总成（垫片一般情况下会和液压活塞总成黏在一起被取出，在分开垫片时，应防止位于液压活塞总成上端面中心的泄油销滑出），检查垫片与调整螺钉接触部位是否存在异常磨损和破裂，如果磨损大于 0.1 mm 则予以更换。取出泄油销，检查泄油销是否存在磨损和变形，泄油销出现磨损则予以更换（其工作接触部位仅发亮则可继续使用，提示：可将泄油销掉头安装）；用干净的汽油或煤油将液压活塞总成清理干净；检查液压活塞总成的外圆周面、上端面和活塞的球形头部是否存在磨损和裂纹；推动活塞来检查是否有发卡现象（活塞应该运动很灵活）；将液压活塞放入干净的汽油或煤油中，反复推动活塞，对液压活塞内部进行清洗。

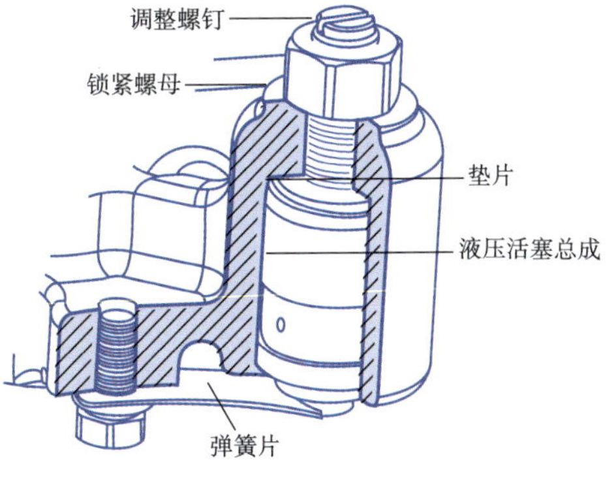

图 6-41　拆检液压活塞总成

（10）调整发动机制动器间隙。按照前述方法进行调整。

4）发动机制动器的维护

新的 VVEB 发动机制动器和新的发动机同样需要磨合，在对新发动机进行第 1 次常规维护时或者 VVEB 发动机制动器运转约 100 h 后，需对 VVEB 发动机制动器的液压活塞总成进行清洗。在平时的使用中，需随时注意和检查发动机制动器和其控制系统是否处于完好状态，方法如下：

（1）检查发动机制动器线路是否存在破损或各插头、接头是否松动。

（2）接通发动机制动器电源开关，查看碟阀是否能关闭和碟阀的空气驱动缸是否漏气。

（3）在熟悉的下坡路段上，检查发动机制动器是否出现制动力下降的情况。

（4）在关闭发动机制动器时，检查发动机是否出现运转不稳或冒白烟或动力下降的情况。

（5）打开发动机汽缸盖罩后，检查弹簧片是否存在断裂的趋势；检查内部导线是否破损，插头是否松动或脱落；检查发动机制动器的机油管是否破裂；检查输油螺栓是否松动。警告:请使用发动机厂家推荐的机油并按规范定期更换机油和机油滤清器,不合乎要求的机油或劣质机油有可能产生沥青状物质,堵塞发动机制动器液压活塞的泄油通道,导致液压活塞泄油缓慢甚至无法泄油,严重的将导致发动机冒烟、动力下降、汽缸内积炭等现象。

推荐的发动机制动器维护时间和里程见表6-8所列。

发动机制动器维护时间和里程 表6-8

制动器零件	5 000 km	12 个月 3 000 h 15 万 km	24 个月 6 000 h 30 万 km	36 个月 9 000 h 45 万 km
发动机制动器支架	—	检查	检查	检查
电磁阀	—	检查	检查	更换
电磁阀密封圈	—	检查/更换	检查/更换	检查/更换
液压活塞总成	清洗	清洗	清洗	清洗/更换
泄油销	清洗	清洗	清洗	清洗
弹簧片	—	检查	检查/更换	检查/更换
圆垫片	—	检查	检查/更换	检查/更换
排气摇臂或气门帽	—	检查	检查	检查
间隙调整螺钉	调整	调整/检查	调整/检查	调整/更换
输油管路和零件	—	检查	检查/更换	检查/更换
各控制开关和线路	—	调整/检查	调整/更换	调整/更换
电磁阀内外线束	—	检查	检查/更换	检查/更换

3.发动机制动器常见故障及处理方法

当动机制动器损坏时,禁止单独使用排气碟阀来对车辆进行减速,否则有可能给发动机带来损坏。当接通发动机制动器的电源开关,双脚离开加速踏板和离合器踏板后,发动机制动器不工作,则应立即关闭发动机制动器电源开关进行维修;虽然发动机制动器工作了,但仍感到辅助制动力大幅下降,应尽快进行维修;当驾驶人的脚踩在加速踏板上或踩在离合器踏板上而不能使发动机制动器停止工作时,则应立即关闭发动机制动器电源开关进行维修。发动机制动器常见的故障及处理方法见表6-9所列。

发动机制动器常见的故障及处理方法　　表6-9

故障现象	可能原因	解决措施
辅助制动力下降	排气碟阀不工作。可能原因有排气碟阀驱动气路不通或漏气；排气碟阀电磁阀不通电；排气碟阀电磁阀损坏；驱动缸密封失效而漏气，导致排气碟阀阀板关闭不严；阀板转轴或阀板磨损导致阀板关闭不严或发卡；阀板转轴和阀板积碳严重导致阀板关闭不严或发卡	更换
	排气碟阀漏气（原因同上）	更换
	排气管路漏气。检查排气管各连接处、排气管垫片等是否漏气，如果漏气可观察到黑色的烟迹	处理
	发动机制动器间隙调整不正确	调整
	发动机制动器不工作	检修
	发动机气门帽或排气摇臂磨损	
	发动机制动器零件磨损	
完全失去辅助制动力	工作电源或线路故障	处理
发动机制动器误动作或不能停止工作，发动机无力、冒白烟	液压活塞内部堵塞	
	电磁阀内部密封圈损坏	
	电磁阀外部密封圈失效	

第五节　客车新悬架技术

《营运客车类型划分及等级评定》(JT/T 325)对中型以上的高级客车必须配备空气悬提出了明确的要求。

一、空气悬架

1. 空气悬架的组成

汽车悬架是车身或车架与车轮或车桥之间传力连接装置的总称。其作用主要有：与轮胎共同作用，缓冲和吸收来自车轮的振动，使汽车平稳行驶；将车轮与路面之间产生的驱动力和制动力及其力矩传递到车身；将车身支承在前后车桥上，并保持车身与车轮之间的几何关系。

传统的商用车悬架系统主要由钢板弹簧、减振器、稳定杆等组成。钢板弹簧的刚度一旦确定便不可变，因此，由这些传统元件组成的悬架不能同时满足良好的乘坐舒适性和良好的操纵稳定性。为改善整车的平顺性和操纵稳定性，当代国外商用汽车普遍采用了包括空气悬架、电控空气悬架、半主动悬架、橡胶悬架等新悬架技术。

如图 6-42 所示，空气悬架同传统悬架一样都由弹性元件（空气弹簧）、阻尼元件（减振器）、导向机构、横向推力杆和横向稳定杆等组成，并增加了车身高度控制系统。

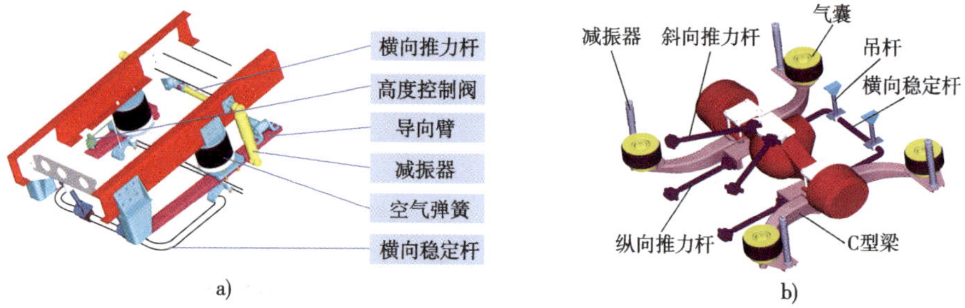

图 6-42　空气悬架的组成

2. 空气悬架各组成部分的功能

1）空气弹簧

空气弹簧是在可伸缩的密闭容器中充以压缩空气，利用空气弹性作用的弹簧。其刚度呈非线性变化，工作时几乎没有噪声，对于高频振动的吸收和隔声性能极好，根据橡胶气囊工作时的变形方式，空气弹簧分为囊式空气弹簧（图 6-43a）、b））和膜式空气弹簧（图 6-43c））两种。空气弹簧主要靠橡胶气囊的卷曲获得弹性变形。

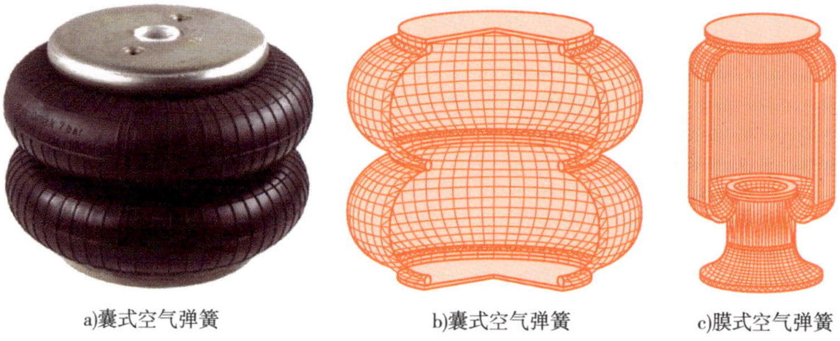

图 6-43　两种不同形式的空气弹簧

2)导向机构

由于空气弹簧只能承受垂直载荷，所以在空气悬架中必须有导向机构来传递纵向力和侧向力，在空气悬架中，导向机构起着保持车轮按一定运动轨迹相对车身或车架跳动的导向作用，在车架(或承载式车身)与车桥(或车轮)之间传递力和力矩。导向机构的形式很多，目前典型的导向机构有如下几种。

(1)板簧式导向机构。主要用于复合式空气弹簧悬架(图 6-44)中，钢板弹簧主要作用为导向元件，同时也承担一部分载荷，兼起一部分弹性元件的作用。

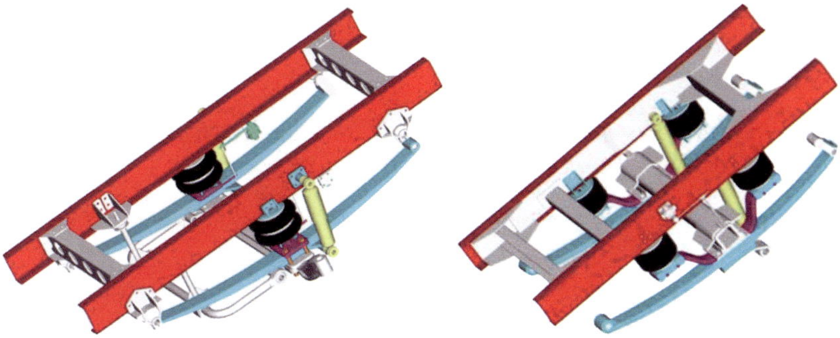

图 6-44　复合式空气弹簧悬架

(2)纵向单臂式导向机构。纵向单臂式导向机构(图 6-45)纵臂采用刚性臂，这种导向机构必须设置横向推力杆，用来承担侧向力。通常导向臂与车桥及车架弹性连接，消除了刚性连接应力集中的影响，也可减少噪声的传递。

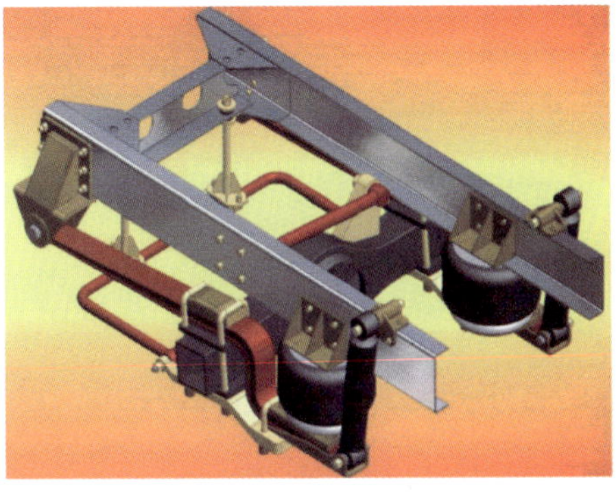

图 6-45　纵向单臂式导向机构

(3)A 形导向机构。A 形导向机构可以看成是纵向单臂式导向机构的特殊形式，它将两根纵置刚性臂通过与车架上一点的连接构成 A 形架，在传递纵向力的同时还传递侧向力。A 形架的可使左右空气弹簧中心距较大，大大提高了悬架的侧向角刚度。

(4)四连杆导向机构。四连杆导向机构(图 6-46)是空气弹簧悬架系统广泛采用的一种结构形式。它常采用两种结构形式，一种主要用于前悬架，这种导向机构采用一根上纵向推力杆，二根下纵向推力杆和一根横向推力杆组成；另一种主要用于后悬架，其四连杆导向机构采用两根上纵向推力杆在水平面内倾斜布置的方式，构成了一个三角形架，上推力杆不仅承受纵向力，也承受侧向力。

3）高度控制阀组件

车身高度控制系统的主要作用是根据行驶状况不断地调节空气弹簧内部气压，以保证悬架具有适合的刚度承载和平衡车架及车身上的载荷，并使空气弹簧保持在一定的高度范围内。高度控制阀组件是用来控制空气弹簧内气体压力的执行机构，主要起高度调节的作用，装配在车架和车桥之间（图6-47），用来感知车身与悬架之间的高度变化，调整空气弹簧的刚度，使之维持在标准高度。载荷增大时，车轴和车身之间的距离缩小，阀杆带动阀臂转动，高度控制阀被启动，贮气筒、空气弹簧之间的管路被连通，这时，压缩空气进入空气弹簧，直到高度控制阀由于车身抬高和阀臂转动到原始位置而再次关闭。减荷时，工作过程相反，多余的压缩空气向外排出。

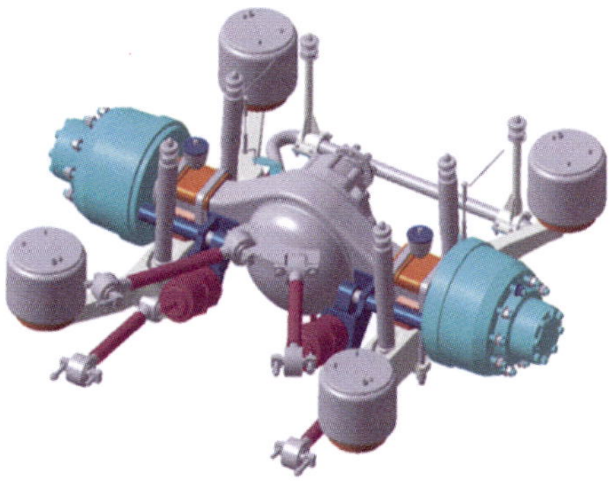

图6-46　四连杆导向机构

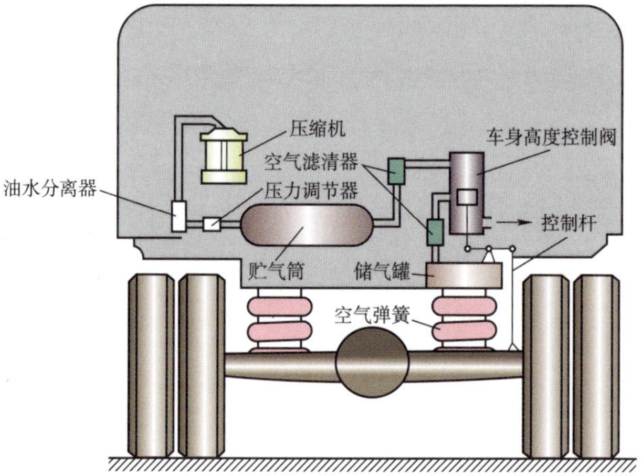

图6-47　机械高度调节阀控制的空气悬架系统

4）减振器

减振器的作用是吸收悬架弹性元件变形时的车辆振动，使其迅速恢复平稳状态，以改善汽车行驶的平稳性，提高乘坐舒适性。空气悬架系统减振器是一种高性能减振器,该减振器性能随载荷的增减而改变,有很高的拉伸强度,具有极限行程的限位作用。

5)横向稳定器

为改善汽车行驶平顺性,当代汽车悬架的垂直刚度值设计得较低,这就使得汽车的侧倾角刚度值也较低,当汽车在转弯时产生很大的车身侧倾角,影响行驶稳定性,为克服这一缺点,常在悬架中采用横向稳定器来提高悬架的侧倾角刚度,或者调整前、后悬架侧倾角刚度的比值,以保证汽车具有良好的行驶稳定性。

6)横向推力杆

横向推力杆是悬架导向机构的重要部件,主要作用为传递侧向力,确定悬架侧倾力矩中心。

7)缓冲限位块

缓冲块的作用是避免车架和车桥或导向杆件之间的刚性冲击。空气悬架系统中缓冲限位块的安装形式有两种,一种安装在空气弹簧的盖板或底座上,另一种安装在空气弹簧以外的车架或车桥上。

3. 空气悬架的优缺点

1)空气悬架的优点

空气悬架与传统的金属弹簧悬架相比具有很多的优点,主要表现为:

(1)空气弹簧具有非线性刚度特性,使其在额定载荷附近具有较低的刚度值,以保证了汽车良好的行驶平顺性。

(2)空气悬架质量轻、弹簧刚度低,转向稳定性强,提高了整车的操纵稳定性。

(3)负载变化时,借助高度控制阀,使车身高度不变。还可根据需要抬高或降低车身高度,以提高车辆的通过或方便乘客上下车。

(4)相对钢板弹簧悬架结构而言,空气悬架车体平稳,从空载到满载的整个范围内都能有效隔断路面传递的振动,具有防振、防噪声等功能。

(5)试验表明,空气弹簧寿命相当于钢板弹簧的3~4倍。

(6)装用空气悬架的车辆振动小,可减少对电气、仪表及车身和底盘其他附件的损坏,降低车辆的维修成本,延长车辆的使用寿命并增加折旧值。

(7)由于振动频率低,减少了对道路的冲击,保护路面,降低高速公路的维修费用。

2)空气悬架的缺点

(1)空气弹簧结构复杂,制造成本高。

(2)空气弹簧布置困难,尤其是在非独立悬架上侧向角刚度较小,必须装置横向稳定器。

(3)密封困难。空气悬架密封环节多,密封不良而漏气将直接影响悬架的性能。

二、电控空气悬架(ECAS)

随着人们对车辆乘坐舒适性要求的提高和我国客车悬架技术的发展,空气悬架在客车上的应用日益广泛。随着系统应用的推广和车辆控制技术的发展,电子控制逐渐取代了传统的机械控制,电子控制系统不仅提高了操作的舒适性和反应的灵敏度,而且可以附加很多辅助功能。

1. 电控空气悬架的组成

如图6-48所示,电控空气悬架(ECAS)由电控单元(ECU)、电磁阀、高度传感器、空气弹簧等部件组成。高度传感器负责检测车辆高度的变化,电控单元将接受输入信息,判断当前车辆状态,激发电磁阀工作,实现对各个气囊的充放气调节。ECAS在客车上的布置如图6-49所示。

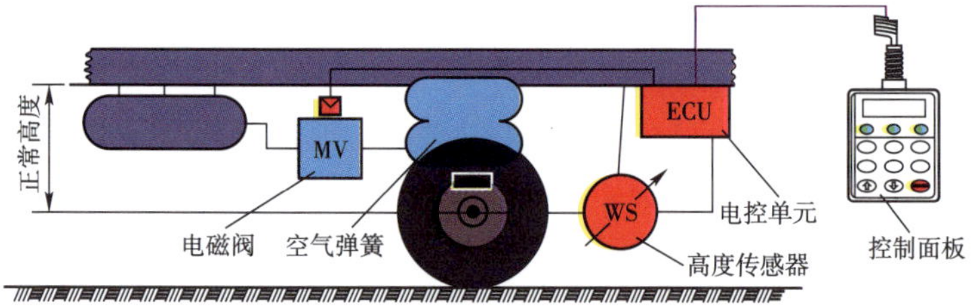

图6-48　电控空气悬架的组成

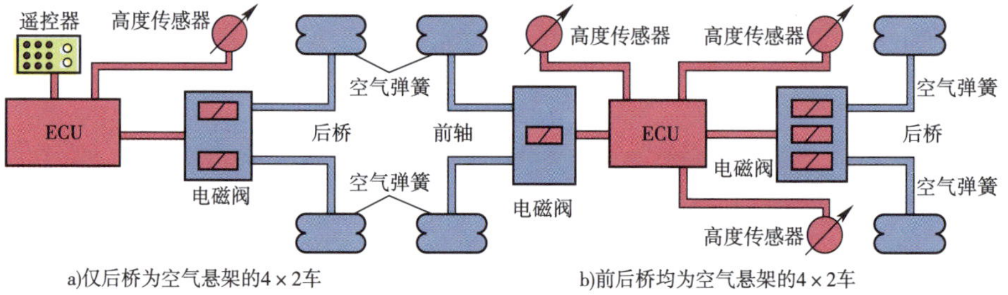

图6-49　ECAS的布置

2. 电控空气悬架的工作原理

如图6-50所示，ECAS的基本工作原理是：高度传感器负责检测车辆高度（车架和车桥间的距离）的变化，并把这一信息传递给ECU，除高度信息外，ECU还接受其他的输入信息，如车速信息、制动信息、车门信息和供气压力信息等，然后ECU综合所有的输入信息，判断当前车辆状态按照其内部的控制逻辑，激发电磁阀工作，电磁阀实现对各个气囊的充放气调节。

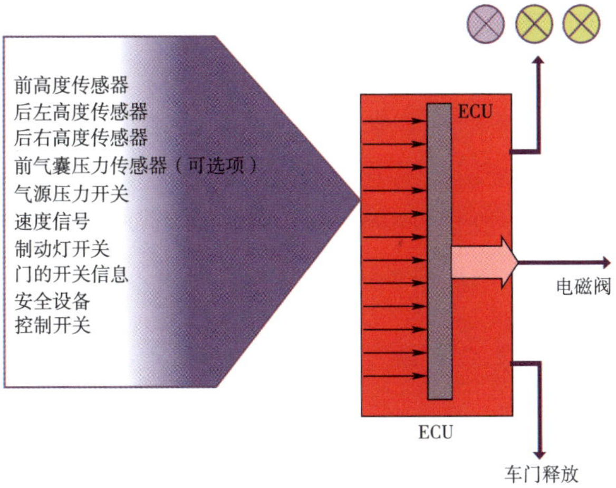

图6-50　ECAS的工作原理框图

3. 电控空气悬架主要部件的功能

（1）电控单元。电控单元（ECU）通常安装在驾驶室或者电气舱内，可实现不同高度值的管理和储存，控制包括正常高度在内的多个车辆高度，检测并储存系统故障。

（2）电磁阀。电磁阀通常安装在车架或车架横梁上。ECAS电磁阀是高度集成化和模块化的设计。为了降低排气噪声，电磁阀排气口带有消音器。

（3）高度传感器。高度传感器通常布置在车架上。传感器内部包含线圈和枢轴。

4. ECAS系统的特点

（1）车辆升降功能。车辆行驶时，ECAS维持正常底盘高度，在特殊路况和行驶条件下，可通过控制开关提升或者降低车辆的底盘高度，方便车辆轮渡或者通过隧道。ECAS还允许ECU设置车速，通过车速控制整车高度。

（2）侧倾功能。此功能是用于城市公交车的专用功能。当车辆到站时，车门侧气囊放气，便于婴儿车、轮椅车的上下，方便老、幼年乘客和残障人士乘车。

(3)车辆限高功能。ECAS 可以设置车辆的最低和最高底盘高度，一旦达到设定的最低和最高位置，ECU 将自动结束高度调节。

(4)快速调节过程。由于采用大截面进(出)气口的电磁阀(名义直径为 ϕ7mm)而使所有升降过程变得非常迅速。

(5)减少空气消耗。以低地板城市客车为例与机械高度阀控制的空气悬架相比，ECAS 可节省大约 25% 的空气消耗。

(6)压力监视功能。ECU 检测供气压力，处于安全的考虑，如果气压低于一定值，下降和侧倾功能将受限。

(7)安全控制。ECU 根据当前车门开关信息，判断是否能提升/下降车辆。

(8)高度集成化的系统。系统零部件少，安装简单降低装配成本。

(9)维修检测方便。专用诊断软件和检测设备，便于售后维修检测。

5. 国内常用的空气悬架

1)带球副(BALL JOINT)的虚拟主销式双横臂空气悬架

如图 6-51 所示，该双横臂空气悬架上下横臂分别通过 2 个球副(BALL JOINT)与转向节相连，可以完成车轮转向和悬架跳动两个自由度的运动，上下球副的连线即为虚拟的主销，而空气弹簧一般支撑在上横臂上。这样的结构优点在于结构紧凑，质量轻；而缺点是球头所能承受的力量有限，容易损坏，而且球头的制造成本较高。VOLVO 的双横臂前空气悬架使用这样的结构。

图 6-51　带球副(BALL JOINT)的虚拟主销式双横臂空气悬架

2)KING PIN 实体主销式双横臂悬架

如图 6-52 所示，此类空气悬架有实体的主销，车轮的转向可以由主销来完成，而悬架跳动由另外 2 个连接在上下横臂上的转轴来完成，因此成本降低，承载能力提高，但是连接主销和上下摆臂的这个机构体积很大，不利于操控稳定性和平顺性的提升。目前大多数双横臂空气悬架都是采用这样的结构。空气弹簧除了安装在上摆臂上，还可以安装在连接主销和上下摆臂的这个机构上。

3)错位十字轴(T 型)节式(TEE JOINT)虚拟主销式双横臂空气悬架

用一个错位的十字节(称为TEE JOINT)代替球头副,其他结构都与带球副的双横臂空气悬架相同,而TEE JOINT可以在它的两个相互垂直轴上有两个相互垂直旋转自由度,以完成悬架的跳动与车轮的转向,这样的TEE JOINT可承载的重量比球头副强很多,而且成本比球副的要低。VOITH双横臂空气悬架便使用这种结构(图6-53)。

图6-52　KING PIN实体主销式双横臂空气悬架

4)非独立空气悬架

客车用的非独立悬架很多,结构变化也很自由,但总结起来无非就是四连杆空气悬架、五连杆空气悬架、板簧悬架和气簧与板簧组合式空气悬架。

(1)五连杆空气悬架(图6-54)。一般由4个平行的纵向导向杆和一个横向推力杆组成。五连杆悬架一般只用在前悬架上。

图6-53　福伊特(VOITH)TEE JOINT虚拟主销式双横臂空气悬架

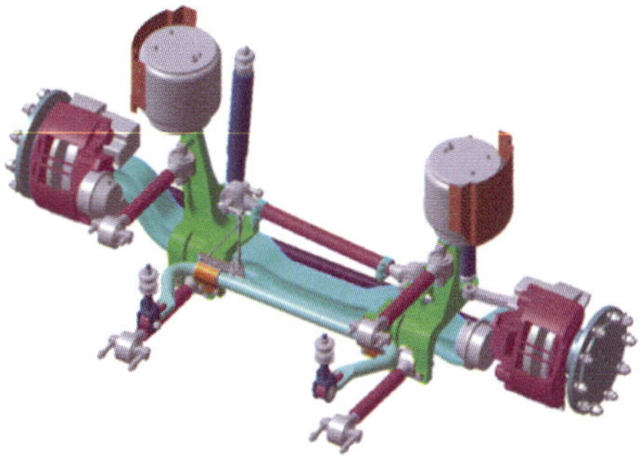

图6-54　一种典型的五连杆非独立空气悬架(用于前桥)

(2)四连杆空气悬架。如图6-55所示,四连杆空气悬架由2个斜向布置的推力杆和2个纵向布置的导向杆组成,其中斜向布置的推力杆要同时承担纵向力和横向力,有些车型直接把这两个斜向布置的推力杆做成一体式的,也就是俗称的"V推"(图6-56)。这种结构在前后非独立空气悬架中均有使用。

(3)板簧空气悬架(图6-44)。优点是成本低,但舒适性很差。

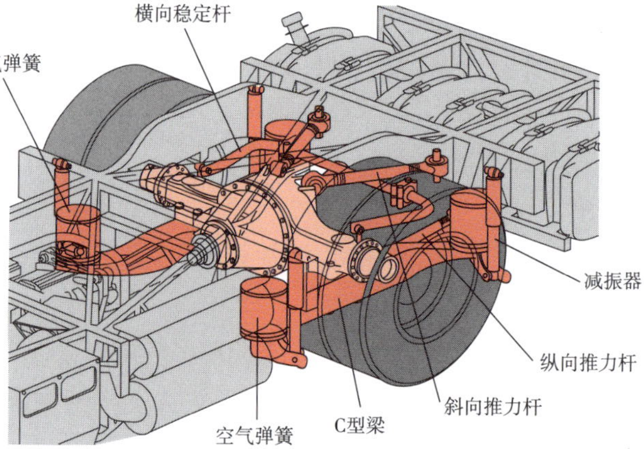

图 6-55　一种典型的四连杆非独立空气悬架(用于后桥,VOLVO B12M)

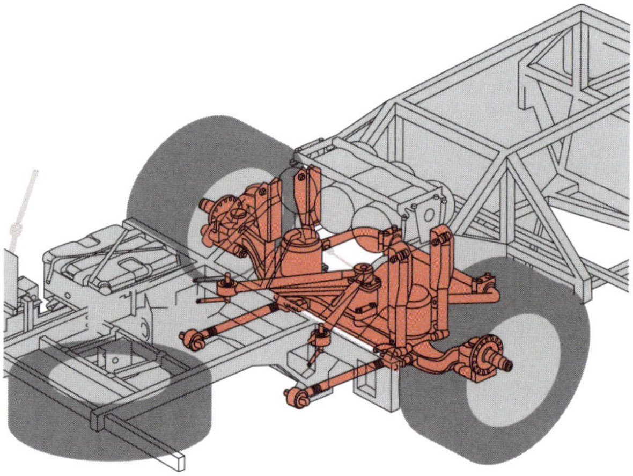

图 6-56　四连杆非独立前悬架(两个推力杆被做成一个 V 型推力杆)

6. 空气悬架的使用维护

1)空气悬架一般使用注意事项

(1)因大多数空气悬架导向机构尤其是四连杆结构均是靠杆件来进行传递力及扭矩等,而杆件端头由靠橡胶球铰进行连接,受力集中且橡胶球铰工况本身较恶劣,因此空气悬架车辆对营运路况还是有一定要求的。对行驶在道路状况较恶劣的路段必须减速慢行,并在到站后多加检修,尤其国内目前高速路网还未全面覆盖、非等级公路大量存在的情况下更应强调此点。

(2)做好日常例行检查,出车前观察车身有无过大倾斜现象,如有则说明存在高度控制阀调整不当或空气弹簧与其管路有漏气的情况,需要予以排查。

(3)更换空气弹簧等悬架零部件时,一定要在车架与地面或车桥之间进行支承后再进行操作,防止车身突然下降,在生产实践中曾有过由于空气弹簧突然破裂导致车身下沉伤人的案例。

2)定期安全检查

车辆每行驶 5 000km 后,应对空气悬架进行定期的检查。主要检查内容如下:

(1)检查空气悬架的紧固件是否有松动现象,重点检查骑马螺栓、推力杆、高度控制阀、空气弹簧总成、减振器、横向稳定杆及其吊杆的紧固件有无松动,发现松动应按规定力矩进行拧紧。其中,尤其要强调的是新车走合期结束后要重点对后悬架的骑马螺栓及时进行紧固。

(2)检查气路有无漏气的现象。可用听、抹肥皂水的方法检查空气弹簧顶板、高度控制阀、气路接口处及管路是否有漏气的现象,如发现有漏气现象应予以排除。

(3)检查空气弹簧外表面有无磨损、鼓包、碰伤或被割坏的情况。如果空气弹簧表面已经损伤并露出帘布层,需进行更换,仅有微裂纹而不漏气则可继续使用;外来的尖锐物(如石头、玻璃、金属等)可能割坏气囊。

(4)检查空气弹簧是否有与周围固定部件发生干涉、碰撞的地方,如有应及时进行调整,因为这可能是导致空气弹簧损坏的根本原因。

(5)清理空气弹簧表面的润滑脂、活塞上的沉积污物、夹在活塞和空气弹簧间的异物,这些可以导致气囊橡胶被磨损,过早损坏。

(6)如果空气弹簧与顶板或活塞的结合处有漏气现象,建议将空气弹簧拆下,检查空气弹簧上下端口以及空气弹簧顶板或活塞锥形密封区域有无变形,如已变形则应进行更换;同时检查橡胶限位块是否损坏,橡胶限位块损坏可能是造成锥形密封区域遭受撞击而损坏的根本原因。

(7)检查减振器有无漏油。减振器漏油多数是由外部损坏、焊接处开焊及油封损坏造成的,这时筒身表面有明显浸湿的油膜或油从油封处漏出。若筒身表面只有部分油痕,而无明显浸湿油膜,则不是漏油,油痕主要是油封内油脂在高温时挥发所致。

(8)检查推力杆球头的橡胶有没有损坏,套管与球头铆接处有没有松动,对于可调推力杆,检查卡箍处有没有松动,紧固螺栓力矩是否符合要求。

(9)检查横向稳定杆球铰及其吊杆的橡胶衬套有没有损坏、移位。

第六节　轮胎状态监测系统(TPMS)

据美国汽车工程师学会调查,全美平均每年有26万起交通事故是由于轮胎气压低或渗漏造成的,而在高速公路上发生的交通事故有70%是由于爆胎引起的。此外,每年75%的轮胎故障是由于轮胎渗漏或充气不足引起的。汽车在高速行驶过程中,轮胎故障是杀伤力最大也是最难预防的事故隐患,是突发性交通事故发生的重要原因。如何解决轮胎故障、怎样防止爆胎,已成为全球关注的首要问题。

恰当的轮胎充气压力是保证汽车安全、平稳行驶的关键因素,及时准确地对超过或低于轮胎压力标准范围的异常状态进行报警,是减少由轮胎爆胎引发的交通事故的有效途径。为此,《营运客车类型划分及等级评定》(JT/T 325—2010)第8.2.1款规定的客车等级评定必要条件(标准中的表4)要求,高三级大型客车和高二、高三级特大型客车要装备胎压监测报警系统。

一、TPMS概述

胎压监测系统简称"TPMS",是"Tire Pressure Monitoring System"的缩写,该技术可以通过记录轮胎转速或安装在轮胎中的电子传感器,对轮胎的各种状况进行实时自动监测,对轮胎漏气和低气压、高气压、高温进行报警,当车轮不能满足汽车正常工作的条件时,TPMS就会发出危险报警信号提醒驾驶员车轮已不能正常工作,能够为行驶提供有效的安全保障。TPMS的功能如图6-57所示。

二、TPMS的种类

TPMS有很多种类,主要是间接式TMPS,随着美国及欧亚各国TPMS强制政策的出台,TPMS的技术愈发成熟,中国最早在2003年也研制了自主技术的TPMS(南京泰晟)。随着世界上众多汽车厂十年来装配实践,TPMS发展经历了间接式TPMS→复合式TPMS→直接式TPMS的过程。

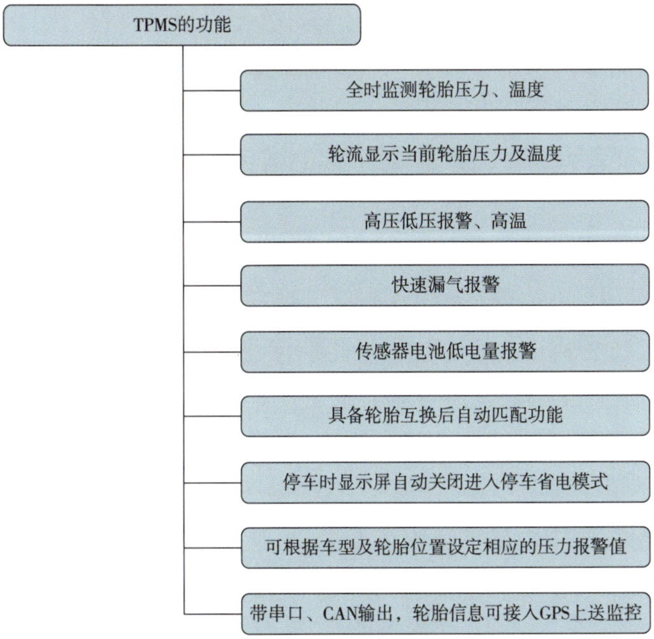

图 6-57　TPMS 的功能

间接式 TPMS 是最早受限于技术的产物，通过 ABS 间接地感知胎压的变化而报警，误报率极高（该技术目前已淘汰）；

复合式 TPMS 是间接式 TPMS 的升级，但因不能根本解决误报问题而很少被使用（该技术目前已淘汰）；

直接式 TPMS 是目前应用最广泛的技术，传感器内置于轮胎内，可真实测量轮胎内温度压力，并通过无线技术发给驾驶室的显示设备进行报警，精确度、准确度极高，是目前中国 TPMS 国标符合技术，也是欧美、日本 TPMS 强制标准所要求的技术。

三、直接式 TPMS 的组成和工作原理

直接式 TPMS，即 Pressure Sensor Baseb TPMS（PSB TPMS），如图 6-58 所示，直接式 TPMS 是利用安装在每一只轮胎里的压力传感器来直接测量轮胎的气压，利用无线发射器将压力信息从轮胎内部发送到中央接收器模块，然后对各轮胎气压进行显示和监视。当轮胎气压太低或漏气时，系统会自动报警，属于事前主动防御性。直接式 TPMS 主要由安装在汽车轮胎内的压力/温度传感器和信

号处理单元、RF 发射器组成的 TPMS 发射模块，以及安装在汽车驾驶台上包括数字信号处理单元的 RF 接收器、液晶显示器(LCD)组成。

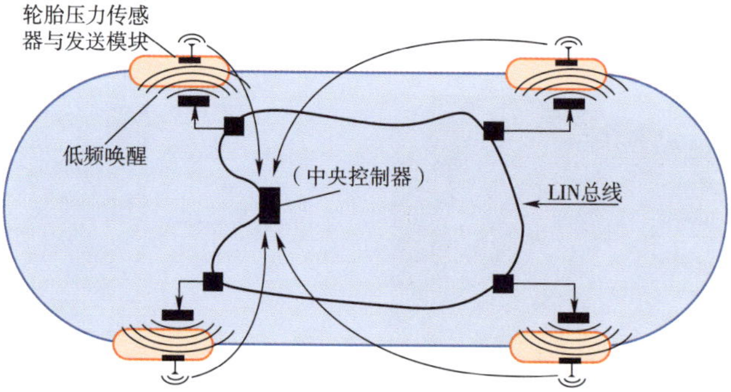

图 6-58　直接式 TPMS 的组成和工作原理

轮胎的轮毂上安装一个内置传感器(图 6-59)，传感器中包括感应气压的电桥式电子气压感应装置，它将气压信号转换为电信号，通过无线发射装置将信号发射出来。TPMS 通过在每一个轮胎上安装高灵敏度的传感器，在行车或静止的状态下，实时监视轮胎的压力、温度等数据(图 6-60)，并通过无线方式发射到接收器，在显示器随时显示各轮胎气压、温度，驾驶者可以直观地了解各个轮胎的气压状况，当轮胎气压太低、渗漏、太高或温度太高时，系统以蜂鸣等形式自动报警，以保障行车安全 。

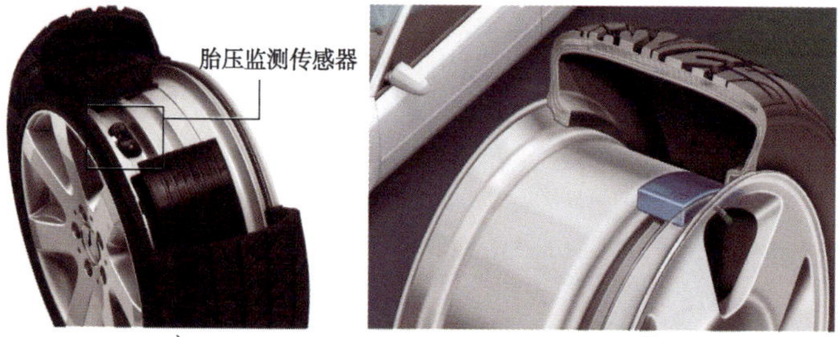

a)　b)

图 6-59　安装在轮胎里的压力传感器

PSB TPMS 分两种形式：机电式和 MEMS 式。

(1)机电式 PSB TPMS。机电式传感器结构如图 6-61 所示。把传感器的 A 部位旋入到轮胎的气门嘴上，空心螺柱顶开气门芯的芯轴，气体外溢，通过空心螺柱中心孔传到密封垫上部的气室中，再通过密封垫，导柱作用到弹簧上，弹簧受压收缩，铜垫片随着导柱的向下移动和铜外壳在其接触处产生一定的距离，导线 B、C 断开。当轮胎的气压低于标准气压的某个值时，此时弹簧依靠自身的弹力推动导柱向上移动，直至铜垫片和铜外壳接触，导线 B、C 接通，无线发射模块得电，发射信号，接收模块得到信号，发出声光报警。

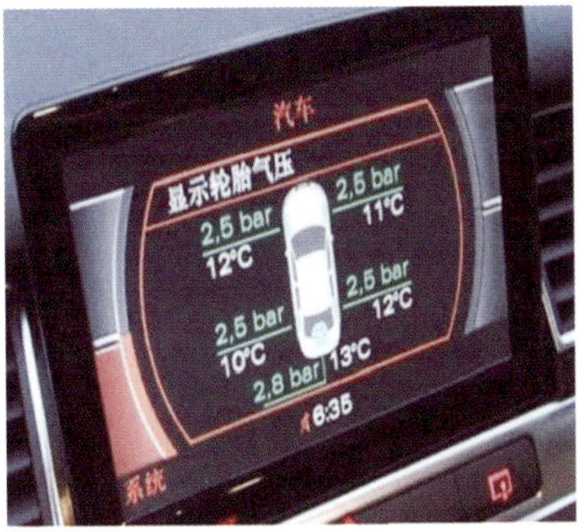

图 6-60　实时监视各轮胎的状态数据

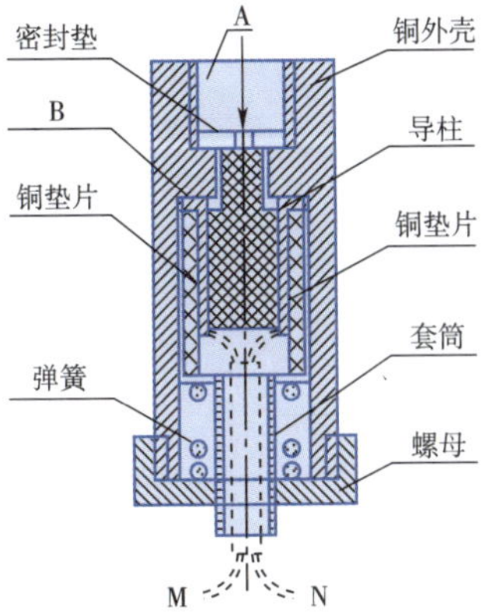

图 6-61　机电式传感器结构

(2) MEMS 式 TPMS。MEMS 式 TPMS 主要由安装在汽车轮胎内的压力、温度传感器和信号处理单元、RF 发射器组成的 TPMS 发射模块，和安装在汽车驾驶台上的包括数字信号处理单元的 RF 接收器以及 LCD 组成。其内部典型架构包括整合了采用硅显微机械加工的压力传感器、温度传感器、加速度计、电池电压检测、内部时钟和一个包含 ADC、取样/保持、SPI 口、校准、数据管理以及 ID 码的数字信号处理单元，所以把它们称为 MEMS 式 TPMS 系统。目前及今后应用的 TPMS 全都是 MEMS 式 TPMS 系统。该 MEMS 模块可以利用客户专用软件进行配置，其测量精度能达 0.01% ~0.03% FS。此外，为了便于 TPMS 接收器的识别，每个压力传感器都具有 6 ~8 位独特的 ID 码。MEMS 式 TPMS 系统按有无电源可分为：有源 MEMS 式 TPMS 和无源 MEMS 式 TPMS 两种系统。

四、TPMS 检查方法

(1) 打开 TPMS 显示器。

(2) 进入调试模式依次观察各个轮胎当前工况是否在正常的压力阈值、温度阈值。

(3) 如果轮胎当前工况不在正常值，通过充气或者放气使其达到正常值。

(4) 切换至工作界面，进行实时检测。

五、TPMS 胎压报警灯复位

对于 TPMS 系统而言,如果出现故障导致胎压报警,在故障排除之后有些系统需要进行胎压报警灯复位。不同的系统,胎压报警灯的复位方法不同,这里不一一讲解,遇到此类问题之后,请安全例检人员或者维修技术人员参照车型维修手册或 TPMS 系统使用手册进行胎压报警灯复位操作。

六、轮胎压力传感器 ID 设置

每个轮胎压力传感器都有一个编码,更换轮胎压力传感器后必须进行 ID 设置,否则系统无法正常工作。下面以南京泰晟科技实业有限公司 TPMS 为例讲解设置方法(特别提醒:不同的 TPMS 系统,轮胎压力传感器 ID 的设置方法是不一样的,请参照车型维修手册或 TPMS 系统使用说明进行 ID 设置)。假使左前轮需要更换传感器,需更换的是 68481,更改后的 ID 号为 68491,操作方法如下。

(1)进入菜单设置项选择"设置轮胎 ID"功能(图 6-62)。

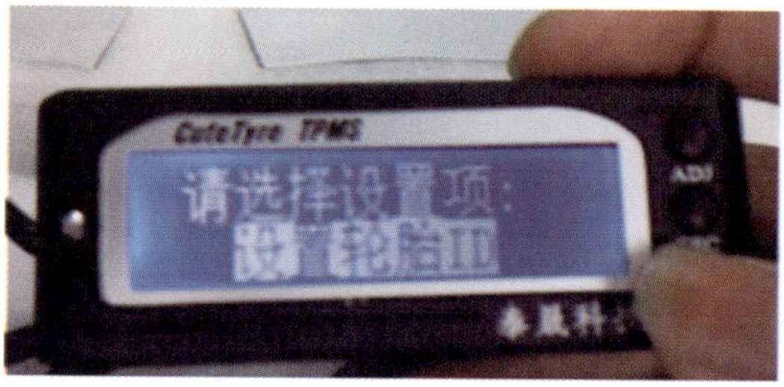

图 6-62　进入菜单设置项选择"设置轮胎 ID"功能

(2)如图 6-63 所示,左边第 1 位数字表示当前轮胎位置,后 5 位表示当前轮胎的 ID 号。

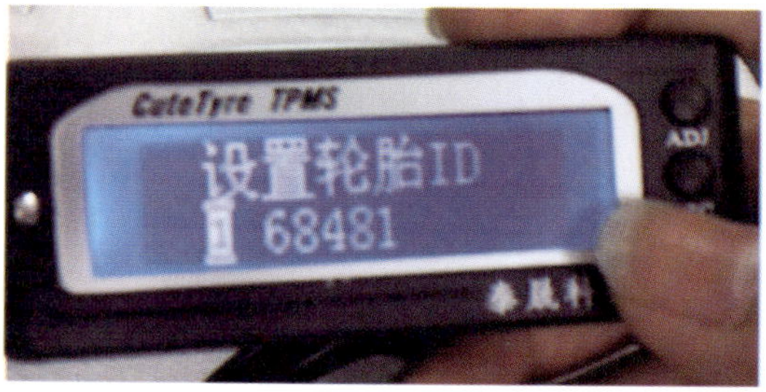

图 6-63　"设置轮胎 ID"功能

(3)首先明确第 1 位数字是否表示当前轮胎位置,如果不是则选择至对应轮胎位置的数字,然后依次更改 ID 数字(图 6-64),即 68481 更改为 68491,修改完成按 OK 键,完成整个修改。

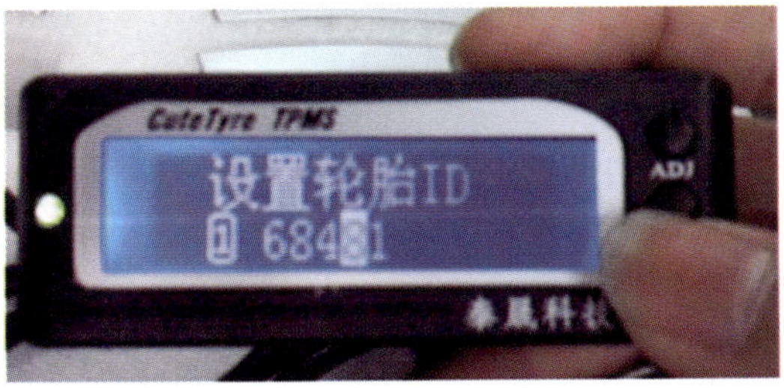

图 6-64　依次更改 ID 数字

七、TPMS 常见故障及排除方法

当出现胎压报警灯闪烁并伴有蜂鸣声报警的情况,应立刻停车检查。

(1)观察显示器上显示的问题轮胎对应的温度、压力及位置。

(2)如果显示高温报警可把车停至安全位置等待轮胎温度降下来后再行驶。

(3)如果显示是压力过高或者过低报警,可进行相应的放气或者充气处理。

(4)如果是传感器电压低报警,可更换新的传感器。

第七节　爆胎应急安全装置

爆胎、疲劳驾驶和超速并列为道路交通的三大杀手,但由于爆胎是不可预见和难以控制的,因此又被称为“头号杀手”和“隐形杀手”。目前,国内外汽车制造商在解决爆胎安全问题上,只有少数几个厂家有专门的技术开发,比如轮胎采用特殊制造工艺来减小爆胎发生几率及在车辆上安装 TPMS 向驾驶人发出胎压预警信号,这些技术对汽车爆胎前起到了很好的预防和预警作用,但却不能彻底解决爆胎后的车辆控制问题。所以,爆胎安全,一直又被汽车安全领域称为的“哥德巴赫猜想”。

一、爆胎对车辆行驶安全的影响

爆胎是指轮胎在极短的时间内(一般少于 0.1 s),胎体突然破裂而失去轮胎中所充气体的情况,是一种非正常快速失压。爆胎对车辆行驶安全的影响主要表现在以下几个方面:

(1)轮胎突然爆胎会导致车辆转向和制动失灵,致使车辆不能安全行驶。

(2)爆胎轮胎侧偏刚度的降低改变了车辆固有的转向特性,前轮爆胎车辆趋于不足转向,后轮爆胎车辆趋于过度转向。爆胎车辆固有转向特性的改变加大了驾驶人操纵车辆的难度,使驾驶人在爆胎瞬间极易出现判断偏差而进行了错误的或过于激烈的纠正操作。驾驶人在轮胎爆胎后出现错误的反应操作会导致车辆失控引发事故。前轮爆胎驾驶人过度转向、过度制动等错误操作会使车辆翻车,后轮爆胎驾驶人过度转向、过度制动等错误操作会使车辆发生甩尾失控的严重后果。

(3)爆胎轮胎滚动阻力系数增大,会导致车辆往爆胎车轮一侧偏航行驶。车辆弯道行驶过程中外侧后轮发生爆胎时,驾驶人的控制无法维持车辆的稳定性,车辆会出现严重的甩尾现象,因此,车辆弯道行驶过程中弯道外侧后轮发生爆胎的情况是爆胎中最危险的。

二、爆胎应急安全装置

(一)爆胎应急安全装置的定义

JT/T 782—2010《营运客车爆胎应急安全装置技术要求》给出了爆胎应急安全装置的定义,爆胎应急安全装置是一种当转向车轮轮胎破裂失压后能够使客车可继续直线行驶一段距离的装在轮胎内部的装置。它能及时释放该车轮剧增的运动阻力,从而可控客车行驶方向,避免转向轮因一侧轮胎失压后造成客车方向失控。

(二)爆胎应急安全装置的结构和工作原理

"FTP"技术(Flat Tyre Protection 的英文缩写,中文含义是轮胎漏气保护)是英国蒂龙汽车集团拥有的一项世界性专利技术,是继安全带、ABS、安全气囊后的第 4 代汽车安全保护装置系统,能够保证车辆在轮胎严重甚至完全失压后仍然能够安全、可控的行驶一段距离的技术。如图 6-65 所示,蒂龙汽车爆胎应急安全装置是一种环绕轮毂安装的组件,主要包括环形支撑垫带(用延展性较差的特殊合金材料制成)、连接部位调节装置(采用了可靠的防滑脱技术)和间隔咬合装置(采用耐高温、可压缩性较差的材料制成),该组件安装于轮辋凹槽部位。该爆胎应急安全装置的工作原理如下:

(1)爆胎后,轮辋不直接接触地面。爆胎后轮胎阻力增大随之轮胎脱离轮辋(图 6-66),轮胎胎唇滑入轮辋凹槽部位,丧失支撑力,车身自身重量下沉会导致轮辋直接与路面接触,从而导致车辆失控产生严重的侧滑、侧翻现象。如安装爆胎应急安全装置后，轮辋高槽半径量保持一致（图 6-67），使轮胎无法滑入轮辋凹槽（图 6-68）或脱出轮辋。轮胎通过自身的厚度及韧性使轮辋与地面之间形成橡胶垫层使轮辋不会着地，并减少轮胎爆裂前后半径量，轮胎仍具有抓地力及摩擦力，使车辆仍可继续行驶并保持方向的可控性。

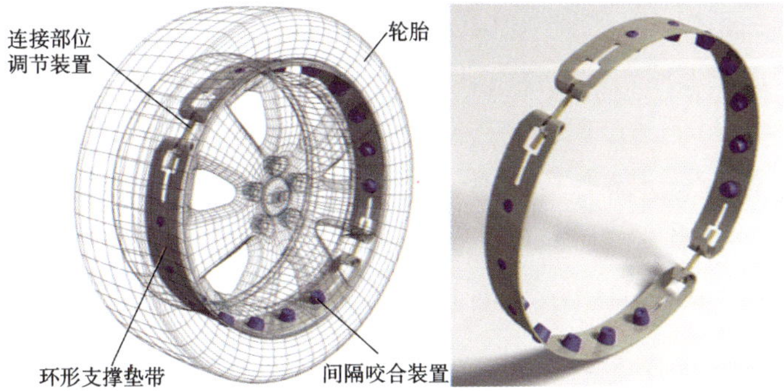

图 6-65　蒂龙爆胎应急安全装置的结构

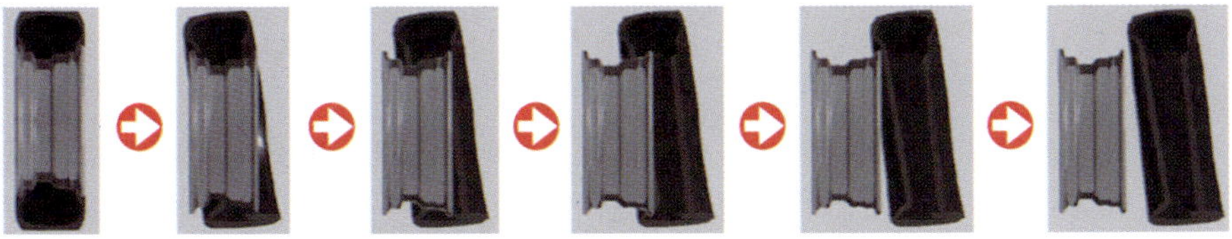

图 6-66　未安装爆胎应急安全装置时爆胎的过程

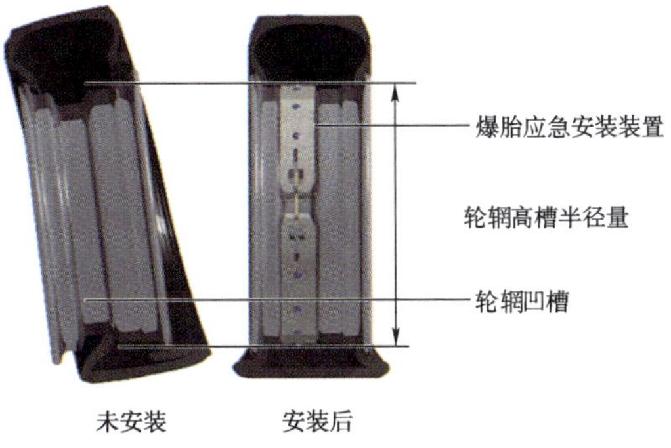

图 6-67　安装爆胎应急安全装置后轮辋高槽半径量保持一致

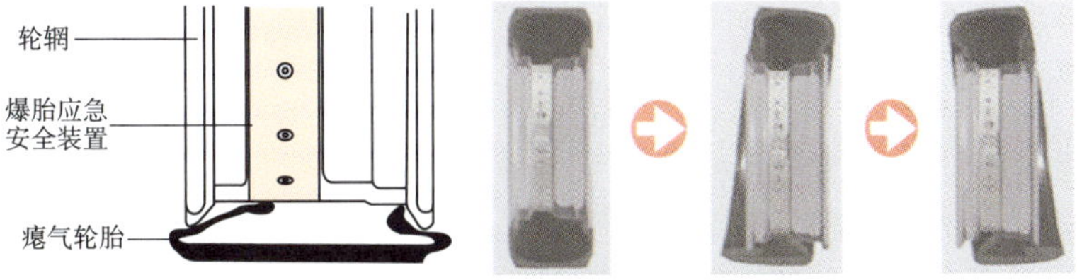

图 6-68　轮胎无法滑入轮辋凹槽或脱出轮辋

(2)爆胎后,轮胎与轮辋转速同步。当汽车爆胎后,轮胎与轮辋分离,车辆在运动尤其是制动时,轮辋和轮胎轴向转动不同步,会严重影响车辆的行驶稳定性和制动性能。爆胎应急安全装置上的环形垫带和间隔咬合装置通过车身自身下沉量与轮胎咬合(图6-69),从而解决了轮胎与轮辋分离后的同步性问题,使车辆能够稳定行驶,有效制动。

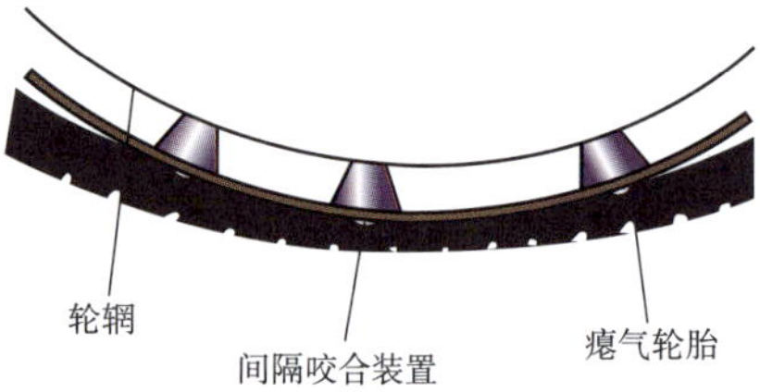

图6-69　环形垫带和间隔咬合装置与轮胎咬合

图6-70所示为另一种爆胎应急安全装置,由内环、中间环、外环及带有斜面滑块的连接螺丝、丝母镶件组成。内环采用工程塑料,内环的内面与轮辋外表面配合,起到稳定和支撑作用;中间环由金属制作,中间环独立安装在内、外环之间,中间环的作用是,当发生爆胎时将地面与轮胎外表面、外环外表面与轮胎内表面接触而产生的强大摩擦力转移到外环内表面及中间环外表面,同时在将摩擦力向中间环的内表面及内环外表面转移,在光滑的金属表面内,外环与中间环产生了线速度差,转动的中间环将差速度有效地抵消,弥补了由爆胎引起的突然加大的摩擦阻力,避免方向失控,最大可能地保持车轮原有行驶速度不变;外环可以用有支撑强度、耐高温的材料制作,其主要目的是减少轮胎内表面与轮辋之间的空间高度,使轮胎失压后尽可能小面积与地面接触,减少摩擦力,并且与中间环、内环一起承载车辆原有轮胎承受的载荷;带有斜面滑块的连接螺丝、丝母镶件与外环在同一圆心配合使用,通过各环特殊的凸凹配合结构将它们从外向内固定在轮辋上,形成一个完整的保险装置。

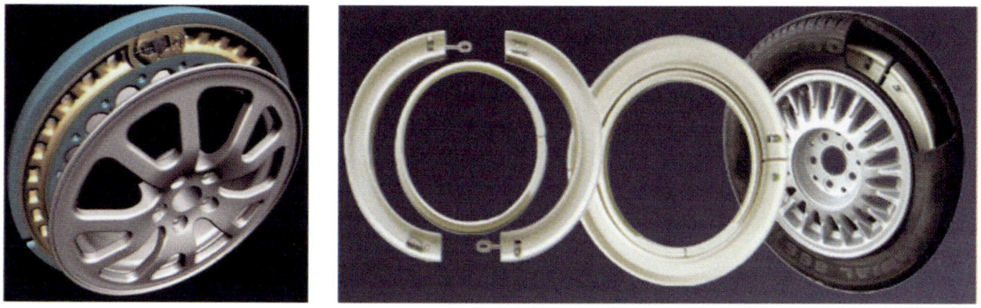
图6-70　爆胎应急安全装置的结构

交通运输部文件

交运发〔2012〕762 号

交通运输部关于印发汽车客运站营运客车安全例行检查及出站检查工作规范的通知

各省、自治区、直辖市、新疆生产建设兵团交通运输厅(局、委),天津市、上海市交通运输和港口管理局:

现将《汽车客运站营运客车安全例行检查工作规范》和《汽车客运站营运客车出站检查工作规范》印发给你们,请做好贯彻落实工作。

认真组织实施好上述两个规范,是贯彻落实《交通运输部关于贯彻落实〈国务院关于加强道路交通安全工作的意见〉的通知》(交运发〔2012〕490 号)的具体体现,是进一步加强道路旅客运输业相关安全制度执行的客观要求,对促进汽车客运站安全管理工作的标准化、规范化具有十分重要的现实意义。各地交通运输部门要结合实际工作,认真抓好上述两个规范的学习宣传、检查督导和贯彻落实工作。为配合各地做好规范的贯彻执行工作,部组织力量编写了宣贯材料,请各地抓紧组织培训工作,使道路旅客运输企业、汽车客运站等相关单位和人员,深入了解和掌握规范的具体内容和相关要求,增强贯彻执行规范的自觉性和主动性,切实落实好这两个规范。

交通运输部

2012 年 12 月 24 日

汽车客运站营运客车安全例行检查工作规范

第一条 为进一步加强汽车客运站（以下简称客运站）营运客车安全例行检查（以下简称安全例检）工作，规范客运站安全例检行为，依据《中华人民共和国道路运输条例》（中华人民共和国国务院令第406号）、《道路旅客运输及客运站管理规定》（交通运输部令2012年第2号）、《汽车客运站级别划分和建设要求》（交通行业标准JT/T 200—2004）等规定，制定本规范。

第二条 本规范适用于三级及以上客运站。其他客运站可参照执行。

第三条 营运客车实行安全例行检查制度。本规范所称安全例行检查是指在受检车辆进行了正常维护并检验合格的前提下，由客运站车辆安全例检人员（以下简称例检人员）在不拆卸零部件的条件下，借助简单的工具量具，采用人工检视的方法，对影响营运客车行车安全的可视部件技术状况所实施的例行检查。

第四条 客运经营者和营运客车驾驶人（以下简称驾驶人）应严格执行有关法规、规章和标准，定期对车辆进行安全技术检验、综合性能检测与维护，保持车辆技术状况完好。

第五条 客运站应高度重视安全例检工作。客运站应与进入该站的营运客车所属客运经营者签订营运客车进站协议，明确双方关于安全例检的责任和权利，并严格履行协议。

第六条 客运班线单程营运里程小于800公里的客运班车和往返营运时间不超过24小时的营运班车，实行每日检查一次；客运班线单程营运里程在800公里（含）以上的客运班车和往返营运时间在24小时（含）以上的营运班车，实行每个单程检查一次。未经安全例检或安全例检不合格的营运客车，客运站不得排班发车，驾驶人不得用其运送旅客。

第七条 客运站应设立安全例检机构，负责安全例检的组织实施。例检机构应建立健全岗位职责、工作程序和监督机制等，保障安全例检工作正常有效运行。

第八条 客运站应按日检车辆数配备例检人员。客运站例检人员配置可以参照附件 1 执行。

第九条 客运站应当制订安全例检工作人员培训计划,明确培训内容、培训时间和考核目标,做好培训记录与总结。

第十条 例检人员应具备必要的汽车专业知识和实际工作能力,掌握客车构造和常用检验方法,熟悉客运管理相关政策法规和技术规范,参加客车安全例行检查岗前专项培训并经考核合格,持有机动车维修质量检验员(安全例检)从业资格证。

例检人员工作中,应遵守行为规范,佩戴标识,用语文明,认真作业,秉公办事,不徇私情。

第十一条 客运站应及时向客运经营者通报安全例检信息。

第十二条 客运站应当制订包含安全例检内容的应急预案。

第十三条 客运站应当建立安全例检抱怨处理制度,接受驾驶人和社会的监督。

客运站对接到的举报和投诉应当及时予以调查和处理。

第十四条 客运站应设置例检场所,其中应包括辅助用房。同时应设置明显的车辆通行指示标志,正确引导营运客车顺畅进入车辆安全例检场所(以下简称例检场所)。应在例检场所醒目位置公布安全例检流程图示,安全例检项目、检查方法、技术要求及其他注意事项。

第十五条 例检场所面积应满足车辆安全例检的作业要求,例检场所地面应坚实、平整,并具备防风、防淋、防晒及良好的采光、照明和通风等条件。例检场所应配置对讲设备。例检场所应设有供检查客车使用的地沟或举升装置。

新建或改建的客车检查地沟或举升装置配置数量可以参照附件 1 执行。地沟的长度应当不小于承检车辆最大长度的 1.1 倍,宽度不小于 0.65m,深度不小于 1.3m,并配备安全电压的照明设施。

第十六条 例检场所应配备保证安全例检工作安全的停车楔及安全例检工作所需的检验工具和量具。

检验工具和量具主要有:检验锤、便携式照明器具、轮胎气压表、轮胎花纹深度尺,以及套筒扳手、扭力扳手、钢卷尺、钢板尺等。

第十七条 检验量具须经法定或授权的计量检定机构检定,并取得计量检定合格证,且在有效期内使用。

第十八条 安全例检机构应对设施设备加强管理,保持设施设备技术状况良好。

第十九条 客运站营运客车安全例行检查工作流程可以参照附件2执行。

例检人员应按照《营运客车安全例行检查技术规范(试行)》(附件3)的要求进行检查,并填写检查记录或录入安全例检信息管理系统。

第二十条 例检人员对经检验合格的车辆签发安全例检合格通知单,作为营运客车报班发车的依据。

安全例检合格通知单自签发时起,24小时内报班有效。安全例检合格通知单超过时限的营运客车,须重新进行安全例检,合格后,方可报班。

《营运客车安全例检合格通知单》式样见附件4。实行安全例检信息化管理的,可另行规定。

第二十一条 安全例检不合格的营运客车,需要修理的,由例检人员开具安全例检不合格项目告知单,交当班驾驶人将车辆送到具有相应资质的维修企业进行维修。维修合格后,维修企业检验员开具维修合格凭证,加盖维修企业印章。当班驾驶人凭维修企业出具的合格凭证到安全例检机构办理复检。

第二十二条 安全例检机构应建立健全安全例检台账并妥善保存,保存期不少于6个月。

第二十三条 客运站应逐步建立安全例检信息化管理系统,提高安全例检效率和质量。安全例检信息化管理系统应能够实现营运客车经车辆身份识别进入例检场所完成安全例检的功能。

第二十四条 客运站所在地县级以上道路运输管理机构负责客运站监督检查。

附件:1. 客运站车辆安全例检人员、设施配置推荐表

2. 客运站车辆安全例检工作流程图

3. 营运客车安全例行检查技术规范(试行)

4. 营运客车安全例检合格通知单(式样)

附件 1

客运站车辆安全例检人员、设施配置推荐表

日检车辆数(辆)	例检人员数(人)	检验地沟数(条)或举升装置数(台)
600 以上	12	3
400 ~ 600	9	2
200 ~ 400	6	2
100 ~ 200	4	1
100 以下	2	1

附件 2

客运站车辆安全例检工作流程图

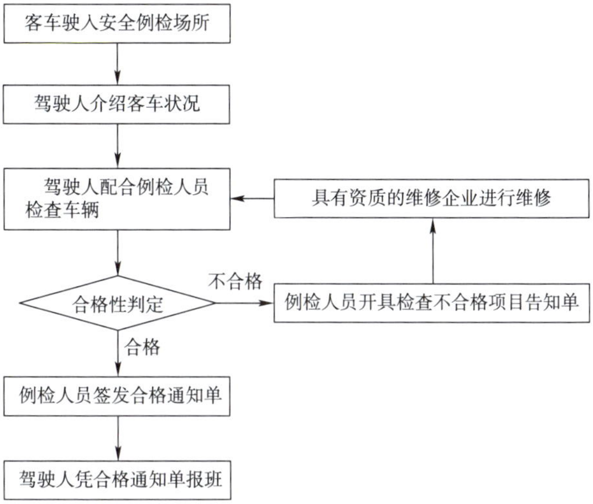

附件 3

营运客车安全例行检查技术规范(试行)

1　范围

本标准规定了营运客车安全例行检查的术语和定义、设施条件、检查项目、检查方法、技术要求和工艺流程。

本标准适用于营运客车的安全例行检查。

2　术语和定义

营运客车安全例行检查

在受检车辆按照相关规定进行了正常维护并检验合格的前提下,由车辆安全例检人员在不拆卸零部件的条件下,借助简单的工具,采用人工检视的方法,对影响营运客车行车安全的可视部件技术状况所实施的检查。

营运客车安全例行检查与车辆的日常维护、一级维护和二级维护为非替代关系。

3　设施条件

3.1　车辆安全例行检查场所应满足实施安全例行检查、承检车型和发车频次的需要。

3.2　车辆安全例行检查场所应设有车辆检验地沟或举升装置。检验地沟的结构尺寸、举升装置的规格应与承检车型相适应。检验地沟推荐尺寸:长度不小于承检车辆最大长度的 1.1 倍,宽度不小于 0.65m,深度不小于 1.3m。车辆安全例行检查场所及地沟内应安装照明设施,地沟内的照明设施应采用安全电源。

3.3　三级以上汽车客运站车辆安全例行检查应采用计算机管理系统,具有车辆信息登录、检查数据存储、检查信息查询、检查报告生成、人工录入等功能。

3.4　车辆安全例行检查场所应配备无线扩音设备,具有车辆安全例行检查人员间、车辆安全例行检查人员与驾驶人间的语音联络功能。

3.5　安全例行检查场所应配备灭火器等消防设备,地沟内灭火器的放置数量不少于1具。

3.6 车辆安全例行检查场所应具有醒目的文字标志和限速标志。

3.7 车辆安全例行检查的工具及设备：

a)检验锤；

b)便携式照明器具；

c)轮胎气压表；

d)轮胎花纹深度尺；

e)套筒扳手、扭力扳手；

f)钢卷尺、钢板尺；

g)停车楔，数量不少于2只；

h)其他工具及设备。

4 检查项目、方法及要求

4.1 外观

4.1.1 目视检查车身外观及车内环境，车身应整洁、周正，无开裂、明显锈蚀和变形，车窗玻璃齐全、完好，车内应整洁、无杂物。

4.1.2 目视检查左右后视镜、内后视镜，应完好、无损毁。

4.1.3 打开前风窗玻璃刮水器开关，刮水器各挡位应工作正常，关闭刮水器时刮片应能自动返回到初始位置。

4.1.4 目视检查发动机、水箱，应无漏油、漏液现象。

4.2 制动系统

4.2.1 气压表工作状况

超动发动机，观察气压表指示情况，气压表应能正确指示系统压力。

4.2.2 制动管路密封性

采用气压制动的车辆，在储气筒保持一定压力条件下，关闭发动机，踏下制动踏板，检查各车轮制动气室、气阀及制动管路的密封性，应无漏气声。

4.2.3 制动系统自检

接通发动机起动开关，察看制动系统各故障指示灯指示状况，应无故障报警。

4.2.4 空气压缩机传动带

目视检查并指压空气压缩机传动带,应无龟裂、油污和异常磨损,松紧度应适当。

4.3 转向系统

左、右转动转向盘,检视球销总成、横直拉杆,球销总成应无松旷和开裂,横直拉杆应无变形和裂纹,各锁销齐全、紧固。同时检查转向机构连接状况,各连接部位应连接可靠、无松动。

4.4 传动系统

4.4.1 传动机构及连接

目视检查传动轴支架,传动轴支架应无破损和变形。通过晃动传动轴的方式检查传动机构连接状况,万向节、中间轴承应无松旷。

4.4.2 自动变速器、液力缓速器密封性

对于同时装有自动变速器和液力缓速器的车辆,目视检查自动变速器、液力缓速器的密封状况,油液应无泄漏。

4.5 照明、信号指示灯

4.5.1 前照灯

目视检查前照灯,前照灯应齐全、完好、表面清洁,无松脱;开启前照灯,前照灯应工作正常;操作远近光变换开关,远近光变换应正常。

4.5.2 信号指示灯

巡视检查转向灯(前、后、侧)、制动灯、示廓灯、危险报警灯、前后雾灯,应齐全、完好、表面清洁;进行对应操作,分别目视检查上述各信号指示灯,均应工作正常。

4.6 轮胎

4.6.1 轮胎外观

目视检查胎冠、胎壁等部位,不得有长度超过25 mm或深度足以暴露出帘布层的破裂、割伤以及凸起、异物刺入等影响使用的缺陷。同时目视检查并装轮胎间,应无异物嵌入。

4.6.2 轮胎花纹深度

目视检查轮胎磨损状况。必要时用轮胎花纹深度尺检测轮胎胎冠花纹深度。营运客车转向轮的胎冠花纹深度不小于3.2mm,其余轮胎胎纹深度不小于1.6mm。

4.6.3 轮胎规格和花纹

目视检查轮胎规格和花纹,同轴两侧轮胎规格、花纹应一致。

4.6.4 轮胎气压

巡视检查各轮胎充气状况,必要时用气压表测量轮胎气压,轮胎气压符合要求。

4.6.5 轮胎及半轴螺栓、螺母

巡视检查轮胎螺栓、螺母以及可视的半轴螺栓,各轮胎及半轴的螺栓、螺母应齐全、完好,紧固可靠。

4.7 悬架系统

目视检查悬架的弹性元件,应安装牢固,无断裂、塑性变形等异常情况。检查空气弹簧的气密性,应无泄漏。

目视检查钢板弹簧的U形螺栓螺母、吊耳销(套)、锁销等部件,U形螺栓螺母应齐全、紧固,吊耳销(套)、锁销应齐全、无断裂和松旷。

4.8 安全设施

4.8.1 车门应急开关

目视检查动力启闭车门的车内应急开关,应急开关的标识、机件应齐全、完好。当对应急开关的技术状况有质疑时,应进行启闭检查。

4.8.2 安全顶窗

目视检查安全顶窗,安全顶窗机件应齐全、完好。当对安全顶窗的功能有质疑时,应进行启闭检查。

4.8.3 安全锤

目视检查封闭式客车的应急窗,应配备安全锤并在规定的位置放置。

4.8.4 灭火器

目视检查灭火器,应随车配备。

4.9 摄像头

目视检查车内摄像头,摄像头的拍摄方向应符合规定且无遮挡。

5 工艺流程

营运客车安全例行检查应在驾驶人的配合下,由2名车辆安全例行检查人员(以下称例检人员甲、例检人员乙)进行。以发动机后置的营运客车为例,其安全例行检查推荐工艺流程如图1所示。

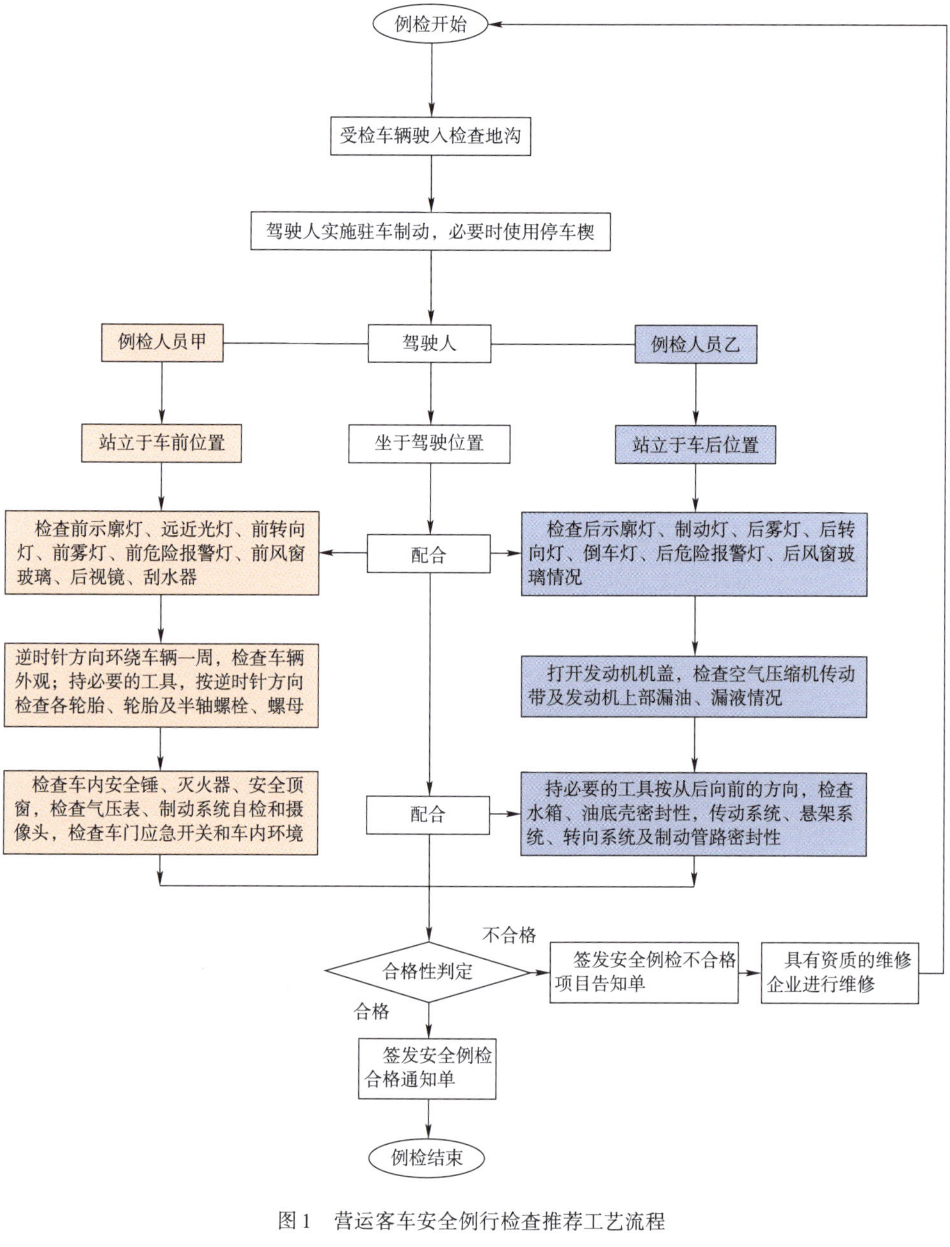

图1　营运客车安全例行检查推荐工艺流程

营运客车安全例行检查报告单(式样)

车牌号码		车属单位	营运证号	
检查日期		年　月　日　时　分		
检　查　记　录				
序号	检查项目	检 查 内 容	缺陷描述	检查结果
1	外观	车身外观		
		车内环境		
		视镜		
		刮水器		
		发动机、水箱		
2	制动系统	气压表工作状况		
		制动管路密封性		
		制动系统自检		
		空气压缩机传动带		
3	转向系统	转向机构及连接		
4	传动系统	传动机构及连接		
		自动变速器、液力缓速器密封性		
5	照明、信号指示灯	前照灯		
		信号指示灯		
6	轮胎	轮胎外观		
		轮胎花纹深度		
		轮胎规格和花纹		
		轮胎气压		
		轮胎螺栓、螺母		
7	悬架系统	弹性元件		
		U 形螺栓螺母		
		吊耳销(套)、锁销		
8	安全设施	车门应急开关		
		安全顶窗		
		安全锤		
		灭火器		
9	摄像头	摄像头的拍摄方向		
车辆安全例检员签字			备注	

说明:1. 不合格项目应在缺陷记录栏中进行记载;

2. 有任一不合格项时,例检结果为不合格;

3. 检验结果标记:“○”为合格,“×”为不合格;

4. 本表保存期应不少于六个月。

附件 4

营运客车安全例检合格通知单(式样)

编号:××××××

营运客车安全例检合格通知单

检查合格时间:　　　　　年　月　日　时　分

车牌号码/颜色:

安全例检员:(签字)

安全例检机构:(章)

营运客车留存备查

(本通知单 24 小时内报班有效)

汽车客运站营运客车出站检查工作规范

第一条 为进一步加强汽车客运站(以下简称客运站)客车出站检查工作,根据《中华人民共和国道路运输条例》(中华人民共和国国务院令第406号)、《道路旅客运输及客运站管理规定》(交通运输部部令2012年第2号)等相关法律法规规定,制定本规范。

第二条 等级客运站出站检查工作,应当遵守本规范。

第三条 本规范所称出站检查是指客运站经营者在客车出站前,对当班驾驶员资格、客车运营证件、客车安全例行检查情况、客车实际载客人数、车上人员安全带系扣情况、出站登记手续等是否符合规定所进行的核查活动。

第四条 客运站经营者应当贯彻执行国家有关安全生产法律、行政法规和政策,按照本规范,制定出站检查管理制度、工作规程和管理规则,并组织实施。

第五条 出站检查工作人员配备应当与客运站业务规模相适应,原则上日发50个班次以下的客运站配置1名出站检查人员;50个班次以上的,每增加150个班次,增加1名出站检查人员。

第六条 客运站经营者应当加强出站检查工作人员培训,制定培训计划,明确培训内容、培训时间和考核要求,确保出站检查工作人员熟练掌握出站检查工作规范、具备必要的证照真伪辨别知识和应急处置能力。

第七条 客运站经营者应当将出站检查工作情况列入安全生产工作会议和安全例会议程。

第八条 客运站经营者应当保障出站检查工作经费投入。出站检查工作经费主要包括:出站检查设备设施的购置和维护、出站检查工作人员的教育培训等经费。

第九条 客运站经营者应当制定有关节假日、重大活动及其他客流高峰期间的应急措施,保障出站检查工作严格执行和出站客车顺畅有序。

第十条 出站检查工作人员应当对每一辆出站客车进行检查,检查合格并经出站检查人员与受检驾驶员签字确认后才准予出站。

第十一条 出站检查主要包括以下主要内容:

1. 检查出站客车报班手续是否完备,确保客车出站前《安全例检合格通知单》、行驶证、道路运输证、客运标志牌等单证经过车站查验且合格。

2. 核验每一名当班驾驶员持有的从业资格证、机动车驾驶证,确保受检驾驶员与报班的驾驶员一致。

3. 清点客车载客人数,确保客车不超载出站。如发现客车有超载行为,应当立即制止,并采取相应措施安排旅客改乘。

4. 检查装有安全带的客车乘客安全带系扣情况,确保客车出站时所有乘客系好安全带。

对出站检查后的所有客车,客运站出站检查人员均需填写出站登记表,并由出站检查人员和当班驾驶员签字确认。出站登记表保存期不少于 3 个月,式样见附件。

第十二条 出站检查工作人员应遵守行为规范,佩戴标识,用语文明,认真作业。

第十三条 客车不配合出站检查时,出站检查工作人员应当做好解释和说服工作,经劝告仍不接受出站检查的,客运站有权拒绝客车出站。经劝阻无效,仍滞留现场扰乱秩序的,客运站应当立即采取相应措施安排客车上的旅客改乘并报当地道路运输管理机构;对强行出站的,客运站应当立即报告当地道路运输管理机构处理。对相应客车,客运站可在一定期限内禁止其进站发班。

第十四条 县级以上道路运输管理机构负责本辖区客运站客车出站检查情况的监督检查。重大节假日、重大活动及其他客流高峰期间或根据工作需要,应派专人进驻客运站对客车出站检查情况进行现场督查、抽查,确保客运站严格落实出站检查制度。

附件:出站登记表

附件

出站登记表

序号	车牌号	单证是否齐备（√/×）	是否超员（√/×）	免票儿童数(人)	是否系好安全带（√/×）	驾驶员签字	检查员签字
1							
2							
3							
4							
5							
6							
7							
8							
9							
10							

填写说明："单证是否齐备"填×时，请注明不合格项：①安全例检合格通知单②行驶证③道路运输证④客运标志牌⑤驾驶证⑥从业资格证；"是否超载"填√为不超载，×为超载。

参考文献

[1] 李祥贵,仝晓平. 道路运输车辆安全部件维修工艺[M]. 北京:人民交通出版社,2012.

[2] 金柏正. 客车维修问答与经典案例分析[M]. 北京:人民交通出版社,2011.

[3] 童剑锋. 汽车电子稳定系统(ESP)结构及其常见故障检修[J],城市车辆,2009(4),62 – 64.

[4] 韩建保,云志刚,陈历兵. 汽车电子稳定系统 ESP 的工作原理及应用[J],汽车电器,2004(04),29 – 31.

[5] 青年汽车集团. 青年客车安全技术[J],城市车辆,2009(08),34 – 36.

[6] 洪洋,徐志汉. 全承载式车身结构浅析[J],客车技术,2005(05),12 – 15.

[7] 吴超,徐鸣,李慧渊,郭刘洋. 车辆夜里缓速器的特点分析及发展趋势[J],车辆与动力技术,2011(1),51 – 55.

[8] 吕水莲,张学坤,黄国宁. 电涡流缓速器:结构 · 原理 · 使用 · 维护[J],商用汽车,2008(8),128 – 129.

[9] 焦治波. 电涡流缓速器的应用及发展[J],商用车与发动机,2010(21),76 – 78.

[10] 汤玉胜. 电涡流缓速器工作原理及常见问题与维护[J],汽车电器,2008(10),48 – 50.

[11] 李延晓,于明进,邱绪云. 国内汽车缓速器应用现状与预测[J],山东交通学院学报,2009(9),10 – 12.

[12] 李凯媛,高志强,高武,许建忠. 汽车电涡流缓速器结构原理及使用维修[J],天津汽车,2007(2),30 – 34.

[13] 黄榕清,吴磊,邵建华. 汽车液力缓速器的原理及应用[J],汽车电器,2006(11),6 – 8.

[14] 张少英. 商用汽车盘式制动器[J],商用汽车,2002(9),51 – 53.

[15] 朱典彬,罗方. 气压盘式制动器仔我国客车上的应用现状及趋势分析[J],城市车辆,2009(8),45 – 47.

[16] 周泽明. 汽车轮胎压力检测系统工作原理及应用[J],农业装备与车辆工程,2009(2), 55 – 57.

[17] 赵永强,侯红玲.汽车轮胎压力智能监测系统的设计与研究[J],机械设计与制造,2007(6),13－15.

[18] 李卫,严世榕.电子控制空气悬架发展综述[J],福建工程学院学报,2008(12),117－121.

[19] 谷玉川,张华伟,赵若琳.汽车主动悬架系统技术现状及发展趋势[J],机电工程技术,2008(6),54－55.

[20] 吴修义.商用汽车空气弹簧悬架系统[J],汽车与配件,2006(48),34－36.

后记 Houji

为进一步规范汽车客运站营运客车安全例行检查工作,按照“明确职责、找准规律、立足防范、突出重点、狠抓落实”的总体思路,我们组织相关专家在深入调研、反复论证,结合客运安全生产实际的基础上,出台了《汽车客运站营运客车安全例行检查工作规范》、《营运客车安全例行检查技术规范(试行)》,并依据“规范”要求编写了《汽车客运站营运客车安全例行检查工作指南》一书。

在《指南》的编写过程中,汽车维护与修理杂志社在资料的收集、技术方案确定、文稿梳理、规范示范演示等方面投入了大量的人力、物力、财力,做了大量技术支撑工作,为高质量、快速地完成书稿作出了积极的贡献。中国汽车维修行业协会、交通运输部公路科学研究院在“规范”制定、指南的编写等方面也做了深入细致的工作。在制定“规范”和编写指南的过程中还得到了福建省道路运输管理局、湖南省公路运输管理局、江苏省交通运输厅运输管理局、杭州长途运输集团有限公司、苏州汽车客运集团有限公司、江苏南京长途汽车客运集团有限责任公司、常州公路运输集团有限公司、上海中旅汽车有限公司、北京蓝海兆丰科技有限公司、中国客车学会、四川省交通运输管理局、成都东站汽车客运站以及人民交通出版社的大力支持和帮助。在此,对有关单位的大力支持和积极参与,对参编人员的辛勤工作和无私奉献表示衷心感谢!

交通运输部道路运输司

二〇一三年二月